民事法入門

第9版

野村豊弘 [著]

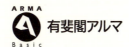

第9版　はしがき

　成年年齢の引き下げ，相続法の改正に合わせて，2019（令和元）年に第8版を刊行し，さらに，生殖補助医療により生まれた子の親子関係に関する特別法の制定，所有者不明の土地に関する民法・不動産登記法の改正に伴い，第8版補訂版を2022（令和4）年に刊行した。

　それからわずか3年の間にも，民法の重要な改正が続いた。すなわち，2022（令和4）年に嫡出推定制度・懲戒権に関する改正が行われ，2024（令和6）年に父母の離婚後における子の養育に関する改正が行われた。そこで，これらの改正を取り入れるとともに，2017（平成29）年の債権法改正に関して，旧制度に関する記述を原則として削除して，第9版を刊行することとした。債権法の改正については，伝統的な法理論を修正した点が少なくなく，債権法の歴史的な変遷を理解することは学問上重要であるが，初学者を対象とする本書の性格上，また紙幅の制約もあり，新しくなった民法の解説にとどめることとした。読者に，本書を踏まえて，体系書等によって民法における法理論の歴史的な展開をさらに学ぶことを勧めたい。

　これまでと同様に，有斐閣法律編集局学習書編集部の藤本依子氏にお世話になった。この場を借りてお礼を申し上げたい。

　　2025年1月

野　村　豊　弘

初版 はしがき

　最近まで数年間，大学法学部の1年生を対象とする民法の講義を担当してきた。講義の範囲は，民法総則であるが，大学に入学したばかりの学生に民法総則の内容を理解させるのは極めて困難であった。その大きな理由は2つあるように思われた。第1の理由は，ほとんどの学生が大学に入ってはじめて法学に接するので，初歩的な知識をまったく持っていないということである。たとえば，歴史，文学，化学など他の多くの分野については，高等学校までの段階で多少とも勉強しているのであるが，法学についてはほとんど勉強していないのである。そこで，当初は，最初の2,3カ月を法学入門にあてていた。必ずしも成功したとはいえなかった。多くの場合，法学入門に時間をとられて，民法総則の講義時間が不足したのである。第2の理由は，民法総則が民法全体に対する一般的規定であるという性格から，民法の他の分野をある程度理解していないと民法総則を理解しにくいということである。したがって，大学1年生が民法総則を勉強することにはかなりの困難が伴うのである。家族法，契約法，不法行為法など比較的身近な具体例を含む分野を先に勉強し，総則を後から勉強するということも考えられないではない。実際にそのようなカリキュラムをくんでいる大学もある。しかし，民法自身が総則が最初にあることを前提として組み立てられており，多くの教科書でもそのように扱われている。最初に民法総則から勉強することにも十分な意義があると考えられる。そこで，最初に民法だけでなく，商法および民事訴訟法を含めて民事法全体についての概括的な知識を

得ることが適切であり，それによってその後の民法の勉強がしやすくなると考えられる。

　本書は，このような意図のもとに，民事法についてできるだけ平易に解説したものである。各章の最初に具体的な事例を提示し，その解決を念頭に置きながら，民事法の重要な事項について説明するという形式をとっている。そのために，取り上げられなかった事項も多少ある。また，初学者が手に取りやすいように，あまり大部のものにならないように心がけた。そのために，重要な事項の中でも簡単に記述するにとどめざるを得なかったものもある。

　大学法学部でこれから法学を学ぶ初学者を読者の対象として想定しているが，必ずしも法学部の学生でなくても，法学に関心のある者が読んでも十分に理解できるように配慮したつもりである。読者にとって，本書が著者の意図したような役割を果たすものであれば幸いである。

　勤務する大学の法学部長さらに学校法人の常務理事という行政的な仕事のために，執筆は遅れるばかりであったが，有斐閣書籍編集部の金田憲二および木村垂穂両氏の忍耐と暖かい励ましのおかげで完成することができた。この場を借りて厚く感謝を申し上げたい。

　　　1998年8月

　　　　　　　　　　　　　野 村 豊 弘

民事法入門・目　次

第1章　民　事　法　　I

1　民事法の意義　2
公法と私法（2）　民事法の意義（3）

2　民事法の構造　3
実体法（3）　手続法（4）

3　法　源　5
成文法（5）　不文法（6）　学説・条理（7）

🖉　法（権利）の実現——設例についての考え方　7

第2章　民法と民法典　　II

1　民法の意義　12
民法の意味（12）　一般法と特別法（12）　一般法としての民法（13）　一般法と特別法との分類の相対性（15）

2　民法の構造　16
形式的意義の民法と実質的意義の民法（16）　民法典の構造（16）

3　民法の歴史　17
民法編纂（へんさん）の理由（17）　旧民法の編纂（17）　法典論争（18）　現行民法典の編纂（19）　その後の変遷（19）

4　民法の基本原理　23
財産法の基本原理（23）　家族法の基本原理（25）

🖉　一般法としての民法と特別法としての商法——設例についての考え方　26

第3章 権利と義務　　27

1 権利と義務 ……………………………………………… 28
権利・義務の意義（28）

2 物権と債権 ……………………………………………… 29
私権と公権（29）　物権と債権（29）　絶対性と相対性
（30）　排他性（31）　物権法定主義（32）

3 権利の濫用 ……………………………………………… 32
権利の社会性（32）　権利の濫用（33）

✎ 権利の濫用の要件——設例についての考え方………………… 34

第4章 法律行為　　35

1 契約・法律行為 ………………………………………… 36
1 意思表示・契約・法律行為 ………………………… 36
意思表示（36）　契約・法律行為（36）

2 公序・良俗，公正 ………………………………… 37
公序良俗の意義（37）　公序良俗違反の具体例（38）
契約条項の公正（39）

3 意思表示の瑕疵 …………………………………… 39
心裡留保（40）　虚偽表示（40）　錯誤（41）　詐欺・
強迫（42）　不適切な勧誘行為（44）

4 無効と取消し ……………………………………… 44
無効と取消しの異同（44）

2 権利能力・意思能力・行為能力 ……………………… 45
1 権利能力 …………………………………………… 45
権利能力の意義（45）　法人の権利能力（46）

2 意思能力・行為能力 ……………………………… 46
意思能力（46）　行為能力とその制限（47）　制限行為
能力者（47）　未成年者（48）　成年被後見人（48）
被保佐人（49）　被補助人（49）　制限行為能力者の取
引（49）

目　次　v

✑ **未成年者の法律行為**——設例についての考え方 50

第5章 代　理 　51

1 代理制度の意義 52
本人・代理人（52）　法定代理（53）　任意代理（53）
代理制度の問題点（54）

2 無　権　代　理 55
無権代理（55）　追認（55）　取消し（56）　無権代理
人の責任（56）

3 表　見　代　理 57
表見代理の意義（57）　表見代理の3類型（58）　表見
代理と無権代理の関係（59）

✑ **権限踰越による表見代理**——設例についての考え方 60

第6章 時　効 　63

1 時　効　制　度 64
① 時効制度の意義（存在理由） 64
事実状態の継続（65）　証明の困難（65）　権利者の怠
慢（66）

② 時効の援用と効果 67
時効の効果（67）　実体法説と訴訟法説（68）　援用権
者の範囲（69）　時効の利益の放棄（69）

③ 時効の完成猶予と更新 70
はじめに（70）　時効の完成猶予（71）　時効の更新（73）

2 取　得　時　効 74
取得時効の要件（74）　取得時効の証明（74）

3 消　滅　時　効 75
消滅時効の要件（75）　消滅時効類似の制度（77）

✑ **消滅時効の援用**——設例についての考え方 79

vi

第7章 契約 81

1 契約の成立 …………………………………………… 82
契約の成立——意思の合致（82）　契約の構造——申込みと承諾（83）　申込みの効力存続と撤回（84）　コンピュータを利用した取引（85）

2 契約の効果 …………………………………………… 85
債権債務の発生（85）　要物契約（86）

3 双務契約における2つの債務の関係 ……………… 87
原始的不能（88）　同時履行の抗弁権（89）　反対債務の履行拒絶（90）

4 契約の履行（債務の履行） ………………………… 90
任意の履行（90）　直接強制（91）　代替執行（91）間接強制（92）　強制的実現のできない場合（93）

5 契約の不履行（債務不履行） ……………………… 93
履行不能（94）　履行遅滞（94）　不完全履行（95）帰責事由と違法性（96）　損害賠償（97）　契約の解除（98）　債務不履行の効果（100）

📎 隔地者間における契約の成立——設例についての考え方 …… 100

第8章 所有権 103

1 物権の種類 …………………………………………… 104
所有権とその他の物権（104）　占有（105）　用益物権と担保物権（106）

2 所有権——動産・不動産 …………………………… 107
物（107）　動産と不動産（108）　所有者不明の土地（108）

3 所有権の取得 ………………………………………… 109
契約による取得・相続による取得（109）　その他の方法による取得（110）　対抗要件（110）

4 物権的請求権 ………………………………………… 112

目　次　vii

物権的請求権の意義（112）　返還請求権・妨害排除請求権・妨害予防請求権（113）

🖉 **妨害予防請求権と費用負担**──設例についての考え方………… 113

第9章　不 法 行 為　　119

1 不 法 行 為 ……………………………………………… 120

① 不法行為の意義 ……………………………… 120

契約以外の原因による債権債務関係（120）　不法行為の意義（120）

② 不法行為法の機能 ……………………………… 121

損害の回復（121）　加害者に対する制裁（121）　損害の防止（122）

③ 不法行為と保険 ………………………………… 122

保険制度による賠償（122）　保険制度の問題点と方策（123）

④ 不法行為の要件 ………………………………… 124

故意・過失（124）　因果関係（125）　責任能力（126）　違法性（126）

⑤ 不法行為の類型（一般的不法行為と特殊的不法行為）…… 127

一般的不法行為と特殊的不法行為（127）　民法上の特殊的不法行為の類型（128）　特別法上の特殊的不法行為の類型──原子力損害の賠償（129）

2 損 害 賠 償 ……………………………………………… 130

損害賠償の内容（130）　損害賠償の範囲（131）　損害賠償請求権の時効（131）

🖉 **自動車事故による不法行為責任**──設例についての考え方‥ 132

第10章　事務管理・不当利得　　135

1 事 務 管 理 ……………………………………………… 136

① 事務管理の意義 ………………………………… 136

viii

事務管理の意義（136）　事務管理制度の目的（137）
特別法上の事務管理（138）　事務管理の要件（138）

② **準事務管理** ……………………………………………………… 139

事務管理の成立要件を欠く場合（139）　準事務管理（139）

2 不当利得 ……………………………………………………………… 140

① **不当利得の意義** ………………………………………………… 140

不当利得の意義（140）　不当利得の要件（140）　不当
利得成立の効果（140）

② **三者不当利得** …………………………………………………… 141

第三者が介在する不当利得（141）　転用物訴権（142）

③ **不法原因給付** …………………………………………………… 144

🖉 預金の過払いと不当利得——設例についての考え方 …………… 145

第11章 債務の弁済 147

1 債務の担保（物的担保と人的担保）………………………… 148

債務の担保（148）　物的担保（担保物権）（149）　人的
担保（保証）（150）　根保証（151）

2 債務の弁済（債務の履行）……………………………………… 151

債務弁済の方法（151）

3 手形・小切手 …………………………………………………… 152

① **手形・小切手の意義** …………………………………………… 152

有価証券制度（152）　手形（153）　小切手（153）

② **手形法・小切手法** ……………………………………………… 154

手形・小切手に関する法制度（154）　民法における有価
証券（154）

③ **手形・小切手の廃止，電子債権化** …………………………… 155

4 銀行送金 ………………………………………………………… 155

振込みによる送金（155）　振込みの法律関係（156）

5 クレジット・カードなど ……………………………………… 157

クレジット・カードの仕組み（157）　クレジット・カー

目　次　ix

ドの問題点（158）　デビット・カード（158）　電子マネー
（158）

✐ 売買代金の支払方法——設例についての考え方 ················· 159

第12章　家　　族　　161

1　家　族　法 ·· 162

家族法の意義（162）　個人主義（163）　男女の平等
（163）　子の利益（164）

2　親　　族 ·· 165

親族（165）　血族, 直系・傍系, 尊属・卑属（166）
配偶者・姻族（168）　親等（168）

3　夫　　婦 ·· 169

①　婚　　姻 ·· 169

婚姻の意義（169）　婚姻の成立（170）　同性婚（170）
婚姻の効果（171）　夫婦財産制（172）　法定夫婦財産
制（172）　内縁（173）

②　離　　婚 ·· 173

離婚の意義（173）　離婚原因（175）　協議離婚（176）
破綻主義（176）　離婚の効果（177）

✐ 有責配偶者の離婚請求——設例についての考え方 ················· 178

第13章　親子・扶養　　181

1　親子関係 ·· 182

①　実　　子 ·· 182

嫡出子（182）　嫡出でない子（184）

②　養　　子 ·· 185

養子制度の意義（185）　完全養子・不完全養子（185）
普通養子（186）　特別養子（187）

③　生殖補助医療により生まれた子 ······················ 188

生殖補助医療の法的問題（188）　生殖補助医療により
生まれた子の親子関係（188）　AID・代理母の法律問

題（189）　問題の顕在化と立法による解決（189）　生
殖補助医療により生まれた子の親子関係に関する特別法
（191）

2 未成年者と父母の親権 ……………………………………… 192

親権の内容（192）　共同親権の原則（193）　後見制度
（194）

3 親族（扶養）……………………………………………………… 194

扶養義務の内容（195）

✐ 養子縁組の要件──設例についての考え方………………… 195

第14章 相　続 　197

1 相　続 ……………………………………………………………… 198

① 相 続 の 意 義 ……………………………………………… 198

法律上の地位の承継（198）　相続制度の歴史（199）

② 相 続 の 根 拠 ……………………………………………… 200

潜在的な持分の清算（200）　家族の生活保障（200）

③ 法定相続と遺言相続 ……………………………………… 201

法定相続（201）　遺言相続（202）　相続の原則（202）

2 相続人と相続分 …………………………………………………… 202

① 相 続 人 ……………………………………………………… 202

子・直系尊属・兄弟姉妹（202）　配偶者（203）

② 承 認 と 放 棄 ……………………………………………… 204

単純承認・放棄・限定承認（204）

③ 相 続 分 ……………………………………………………… 204

法定相続分（204）　法定相続分の割合（205）

④ 遺 留 分 ……………………………………………………… 205

遺言による相続分の割合（205）　遺留分制度（206）

3 遺　言 ……………………………………………………………… 207

遺言の意義（207）　自筆証書遺言（207）　公正証書遺
言（208）　秘密証書遺言（208）　特別遺言（209）

目　次　xi

✐ 法定相続——設例についての考え方 ································· 209

第15章 団　体　211

1 権利の主体——人と法人 ···························· 212

① 法人制度 ································· 212

法人の意義（212）　社団法人の機能（212）　財団法人
の機能（213）

② 法人に関する法律 ························· 214

2 法人の活動 ······································ 215

法人の設立（215）　設立の手続と効果（216）　法人の
組織（216）

3 権利能力のない社団・財団 ······················ 217

権利能力のない社団・財団の意義（217）

4 会　社 ·· 219

会社の意義と種類（219）　会社の設立（220）　会社の
機関（221）

✐ 権利能力のない社団の債務——設例についての考え方 ········· 222

第16章 権利の実現　225

1 権利の実現 ······································ 226

① 権利実現の方法 ··························· 226

任意の履行（226）

② 訴訟による権利の実現 ····················· 227

自力救済の禁止（227）　訴訟による権利の実現（228）
強制執行（229）

2 紛争の解決と裁判制度 ·························· 229

通常の民事事件（230）　犯罪被害による損害賠償事件
（231）　家事事件（232）　裁判外における紛争の解決
（234）　訴訟手続のIT化（235）

✍ 訴訟による権利の実現——設例についての考え方·················· 236

事 項 索 引 ··· 242

民事法と刑事法·· 9
文 学 と 法·· 62
法 格 言··· 80
ハムラビ法典·· 102
ローマ法とユスティニアヌス法典···································· 116
ナポレオンとフランス民法典··· 134
ドイツ民法典（BGB）·· 180
民事法の学び方··· 237

┌─ 凡　　例 ─────────────────────┐

判例引用の略語

　大　判　　大審院判決
　最　判　　最高裁判所判決
　最大判　　最高裁判所大法廷判決

　民　集　　最高裁判所（大審院）民事判例集
　刑　録　　大審院刑事判決録

　大判昭和 7・11・9 民集 11 巻 2277 頁
　　　＝大審院昭和 7 年 11 月 9 日判決, 大審院民事判例集 11 巻 2277 頁
　最判平成 8・4・26 民集 50 巻 5 号 1267 頁
　　　＝最高裁判所平成 8 年 4 月 26 日判決, 最高裁判所民事判例集 50
　　　　巻 5 号 1267 頁
　最大判昭和 62・9・2 民集 41 巻 6 号 1423 頁
　　　＝最高裁判所大法廷昭和 62 年 9 月 2 日判決, 最高裁判所民事判
　　　　例集 41 巻 6 号 1423 頁

└─────────────────────────┘

目　次　xiii

第 1 章

民 事 法

1 民事法の意義
2 民事法の構造
3 法　源
🖉 法（権利）の実現—設例についての考え方

> 　文房具店を経営している A は，B 会社に印刷用紙その他を 100 万円で売却し，すでに引き渡したが，約束した支払期限が来ても，B 会社は A に代金を支払わなかった。A は，どうすればよいか。

1 民事法の意義

公法と私法

法の分類として，公法と私法という区別が昔からなされてきた。たとえば，公法の分野に属する法律として，日本国憲法・国会法・公職選挙法などをあげることができる。また，私法の分野に属する法律として，民法・商法・会社法などをあげることができる。

　公法および私法のそれぞれについて厳密な定義を与えることは難しいが，現在では，個人と個人との間の関係を対等なものとして規律しているのが私法であり，国家または地方公共団体（都道府県または市町村）と個人との間の関係を行政権の主体である前者にある程度の優越性を認めて規律したものが公法であると定義されている。また，国家と地方公共団体との関係あるいは地方公共団体相互間の関係を規律するものも公法であるとされている。

　ただし，現代においては，公法と私法の領域の境界は次第にあいまいになりつつあると同時に，その中間領域（たとえば，労働法・社会保障法など社会法と呼ばれる分野）が出現している。

　私法の分野を代表するのは民法と商法（現在ではその一部が会社法・保険法となっている）であるが，それにとどまらず，不動産登記法・戸籍法・借地借家法・建物の区分所有等に関する法律・製

2　第1章 民 事 法

造物責任法・商業登記法・手形法・小切手法など多くの法律が私法の分野に属している。

民事法の意義　ところで，私法に類似した概念として，民事法ということばがあり，これは，刑事法に対することばとして用いられている。通常は，民法・商法など私法の分野の実体法と民事訴訟法・人事訴訟法・非訟事件手続法・家事事件手続法など私法の手続法を含めたものを意味している。ここで，実体法というのは，権利義務の発生・消滅・移転・変更などを定めた法規範をいう。また，手続法というのは，実体法に定められている権利を実現するための手続を定めた法規範をいう（なお，広い意味では，戸籍法，不動産登記法など訴訟手続でないものも民事上の手続法とされる）。

このような民事法に対して，刑事法というのは，国家の刑罰権の行使を規律する法，すなわち犯罪を犯した者に対して刑罰を与えることに関する法を意味する。具体的には，刑法などの実体法，刑事訴訟法などの手続法，刑事収容施設及び被収容者等の処遇に関する法律などの行刑法を含んでいる。

2 民事法の構造

このように，民事法は，民法・商法などの実体法と民事訴訟法などの手続法からなっているが，これらの法規範の関係については，具体的な事例に即して明らかにすることが有益であろう。

実 体 法　設例では，B会社は，Aから印刷用紙等を100万円で買い受けたことによって，Aに対して売買代金100万円を支払う義務を負っている。Aから

2 民事法の構造　3

みれば，B会社に対して100万円を支払えと請求できる権利があることになる。このようなAとB会社との法的な関係を定めているのが実体法である民法である。すなわち，AとB会社との間の契約は売買と呼ばれ，民法は，555条以下に売主と買主の権利義務関係について詳細な規定を置いている（契約については，第7章で詳しく述べる）。

手続法

B会社が約束どおりに100万円をAに支払えば，何ら問題を生じないが，約束した期限が到来しても，B会社がAに100万円を支払わない場合には，AとB会社との間に紛争が生ずる。このような場合に，Aがどのようにしてその権利を実現するか（すなわち，どのようにしてAがB会社から100万円を取り立てるか）についての手続を定めているのが民事訴訟法である。Aがその権利を実現するにはいくつかの方法が考えられるが，最も典型的な方法は，裁判所に訴えることである。すなわち，Aは，裁判所に対して，B会社に100万円を支払うように命ずることを求めることができる。裁判所はAとB会社の主張をもとに，事実関係を明らかにし，Aの請求に十分な根拠があると判断したときには，B会社に対して，Aに100万円を支払うように命令する。このような裁判所の命令を判決と呼んでいる。もし，Aの請求に十分な根拠がないと判断した場合には，裁判所はAの請求を棄却する旨の判決をする。このような裁判の手続を定めているのが民事訴訟法である。

もし，Aの請求を認め，B会社に100万円の支払いを命ずる判決がなされたにもかかわらず，B会社がそれに従って100万円の支払いをしない場合には，Aは，その判決の強制的な実現を裁判所（あるいは執行官）に求めることができる。具体的には，Aの請

求に基づいて，裁判所は，B会社の財産を差し押え，それを競売して，売却代金の中から100万円をAに与える。このような強制的な実現の手続を定めているのが民事執行法である（なお，このような権利の強制的な実現については，第16章で詳しく述べる）。

3 法　源

法源ということばは多義的に用いられているが，通常は，法の解釈あるいは適用に際して援用できる規範を意味するものと解されている。裁判所において，裁判官が事件を解決するための拠り所となる規範がその代表的な場合であるが，裁判所ではなく，広く社会において実際に行われている規範を意味することもある。以下においては，法源のいくつかの類型について概観する。

成文法

第1に，成文法である。成文法というのは，文字どおり，文書の形式で定められた法規範を意味し，国会などの立法機関によって作られるところから，制定法とも呼ばれる。国会の議決によって制定される法律がその代表的なものであるが，国家の統治体制の基礎を定める憲法，行政機関の定める命令（政令・内閣府令・省令など），最高裁判所や国会の各議院が定める規則，地方公共団体が定める条例などさまざまな形態のものがある。わが国では，ドイツやフランスなどいわゆる大陸法系の諸国と同じように，文字で書き表され文書の形式を備えた成文法が主要な法源となっているが（成文法主義などという），イギリスやアメリカなどのいわゆる英米法系の諸国では，次に述べる判例法が法源の中心となっている（判例法主義という）。

不 文 法

第2に，不文法である。不文法というのは，成文法に対する概念であるが，文書の形式によって定立されていない法規範を意味する。慣習法と判例法がその例である。慣習というのは，業種（たとえば，石油業界）あるいは地域（たとえば，東京地方）などによって限定された一定の社会において，共通の規範として反復して行われているものをいい，その中でもとくに法的な拘束力をもつと考えられているものを慣習法といっている。

民法92条は，法令中の公の秩序に関しない規定と異なった慣習がある場合に，当事者がその慣習による意思を有すると認められるときには，その慣習が適用されるとしている。また，商法1条2項は，商事に関して商法に規定のないときには，商慣習法を適用し，商慣習法がないときには，民法が適用されると規定し，成文法である民法よりも商慣習法が優先することを明らかにしている。

判例というのは，同種の事件についてなされたいくつかの判決に共通して含まれる法規範（多くの場合に成文法，慣習法などの法規範の解釈適用として示される）を意味するものとして用いられている（1つの判決であっても，判例とされる場合がある）。裁判所が判決をする場合に，判例に必ず従わなければならないという法律の規定は存在しない。したがって，判例は，制度上の法源ではない。しかし，実際には，裁判所が判決をする際に，過去における同種の事件に関する判例を尊重している。そこで，判例は，事実上の法源であるとされる。法的安定性あるいは裁判の予測可能性からいってもこのような現象が望ましいことはいうまでもない。

| 学説・条理 | 第3に，学説・条理などが法源としての性質を有するかどうかについても論じられている。 |

学説が事実上裁判に対して影響を与えていることは否定できないが（たとえば，学説の批判によって判例が変更されることがある），法源とは考えられていない。条理というのは，物事の道理といった意味に理解されている。スイス民法1条2項は，「裁判官は，法律の規定も慣習法もないときには，立法者であったならば定めたであろう規範に従って判決をする」と規定し，条理が法源となることを認めているが，日本民法にはそのような規定は存在しない。しかし，日本においても，「民事ノ裁判ニ成文ノ法律ナキモノハ習慣ニ依リ習慣ナキモノハ条理ヲ推考シテ裁判スヘシ」と定める明治8年の「裁判事務心得」（太政官布告103号）3条を引用して，条理の法源性を認める学説もある（ただし，民法制定前のものであるが，現在も法としての効力を有するかは明確でない）。

法（権利）の実現

●設例についての考え方

設例について，どのように考えられるかはすでに本文で述べたとおりである。

AとB会社の間において，売買契約が締結されたことになるが，AとB会社との間には次のような権利義務が生ずることになる。すなわち，AはB会社に対して，約束した印刷用紙等を引き渡す義務を負うが，代金の100万円を請求する権利がある。他方，B会社はAに対して，代金の100万円を支払う義務を負うが，目的物である印刷用紙等の引渡しを請求することができる。もっと

も，設例では，Aはすでに印刷用紙等をB会社に引き渡しているのであるから，B会社の代金支払義務だけが残っている。

B会社が約束した代金を支払ってくれない場合には，Aは，B会社を相手として，裁判所に訴えを提起することができる。裁判所は，Aの主張が正しいと判断すれば，B会社に対して100万円の支払いを命ずる判決をする。すなわち，裁判所は，民法の規定を根拠に，Aの主張する権利があるかどうかを判断するのである。その判決に従って，B会社がAに100万円を支払えば，紛争は解決する。

もし，B会社がその判決に従わない場合には，Aはさらに裁判所に対して判決の強制的な実現を求めることができる。裁判所はB会社の財産を差し押え，換価し，Aに100万円を与えることになる。

このようにして，Aは国家の力によって，その権利を実現することができる（もっとも，B会社に財産がなければ，実現しないこともあるが）。

なお，Aは，B会社との間の売買契約を解除することもできる。その場合には，契約を解除することによって，当事者双方が相手方に対して原状回復義務を負うことになるので（民法545条），Aは，B会社に対して，代金の支払いを請求できないが，すでに引き渡していた印刷用紙等の返還を請求できる。もっとも，それがB会社の手元に残っていた場合でなければ，返還請求は実現しない（契約の解除については，第7章**5**参照）。

◇民事法と刑事法

　1つの事件が民事法と刑事法という2つの観点から問題となることがある。たとえば，タクシーの運転手（加害者）が飲酒した状態でタクシーを運転していて，交差点で信号を見落としたために，横断中の歩行者（被害者）にけがを負わせたような場合が考えられる。刑事上は，運転していた加害者は，刑法または，自動車の運転により人を死傷させる行為等の処罰に関する法律に定められている犯罪を犯したものとして，刑事処罰の対象となる。民事上は，被害者は，加害者に対して被った損害の賠償を請求することができる（民法709条）。この2つは裁判所ではまったく別に扱われる。すなわち，刑事裁判は，検察官が加害者（被告人）に対して公訴を提起することによって行われる。そして，その手続は刑事訴訟法に従って進められる。これに対して民事裁判は，被害者が原告となって，加害者（被告）に対して損害賠償請求の訴訟を提起することによって行われる。そして，その手続は民事訴訟法に従って進められる。古い時代には，民事と刑事は必ずしも分離していなかったが，近代法では，その2つは明確に区別されている。

　この2つの裁判はそれぞれ独立して別々に進められる。したがって，理論的には，事実についての判断が両者で異なることもありうる。たとえば，刑事裁判においては，加害者に過失がないとして無罪の判決がなされたにもかかわらず，民事裁判においては，加害者に過失があるとして被害者の損害賠償請求を認める判決がなされることが考えられる。このような事件では，民事事件の対象は金銭の支払いであるから，刑事事件よりも過失を緩やかに認定してもあまり問題はないと考えられている。反対に，刑事裁判では加害者に過失があるとして有罪の判決がなされながら，民事事件では加害者に過失がないとして損害賠償が認められない場合も理論的に考えられるが，実際にはほとんど例がないようである（少年の犯罪について，刑事手続と民事上の損害賠償請求事件とで，事実についての裁判所の判断が異なっている例もある）。

　外国には，このような場合に，両方の事件を一緒に扱う制度（付帯私訴という）のあるところもある。たとえば，フランスでは，刑

9

事優先の原則があり，刑事裁判の判断が民事裁判に影響を与えることになっている。すなわち，過失の有無について，刑事裁判における判断が民事裁判を拘束することになっている（したがって，刑事裁判の判断がなされるまで，民事裁判が停止される）。このような制度は，被害者の救済に役立つものであるが，被害者を救済するために，刑事罰を科さなくてもよい加害者に有罪判決をしなければならないことに問題があるという指摘もなされている。たとえば，医療事故においては，医師の過失を認め，有罪判決がなされないと，患者の損害賠償請求が認められないので，医師が有罪とされることが多くなり，医師を萎縮させる結果をもたらすことが指摘されている。

日本でも，旧刑事訴訟法（大正11年）には，付帯私訴の制度が置かれていたが，現行刑事訴訟法（昭和23年）には置かれていない。しかし，平成19年の犯罪被害者保護法の改正により，重大な犯罪に関して，有罪判決がなされた後に，被害者が損害賠償を簡易な手続で請求できる制度が設けられた。

第 2 章

民法と民法典

1 民法の意義
2 民法の構造
3 民法の歴史
4 民法の基本原理
📎 一般法としての民法と特別法としての商法—設例についての考え方

個人で喫茶店を経営しているＡは，同業者のＢに頼まれて，100万円を貸した。3カ月後に返済するという約束であったが，その期限が来ても，ＢはＡに返済していない。Ａはどのような請求ができるか。

1 民法の意義

民法の意味
民法ということばは，西欧の〈droit civil〉あるいは〈bürgerliches Recht〉にあたるものであるが，フランス語の〈civil〉あるいはドイツ語の〈bürgerlich〉ということばは，かなり多義的である。たとえば，フランス語では，宗教に対する〈俗〉，軍に対する〈民〉などを意味することがあるが，民法というときには，市民の法を意味するものである。たとえば古代ローマのように，ローマ市民が一定の身分を有する者だけを意味し，ローマ市民でない者が存在していた時代にあっては，住民の一部である市民に適用される法として市民法という表現には意味があったが，現代においては，そのような身分の差異はなく，適用の対象となる人を限定する意味において市民の法という意味は失われている。むしろ，民法はすべての人に対して適用されるものとされている。そこで，すべての人に普遍的に適用される法としての民法がいかなる意味を有するものであるかが明らかにされなければならない。

一般法と特別法
民法は私法の一般法であるといわれる。すなわち，この表現は，法について，公法と私法という区別をするとすれば，民法は私法の分野に属する

12　第2章　民法と民法典

法であり，その中で，一般法と特別法に分けるとすれば，民法が一般法であるということを意味しているのである。そこで，民法ということばの意味内容を確定するには，まず，公法と私法，一般法と特別法，という区別を明らかにしなければならない。公法と私法の区別については，すでに述べた（第1章）。ここでは，一般法と特別法の区別について述べる。

　法律の適用対象である人・物・行為・場所が一定の範囲に限定されている場合に，その法律を特別法と呼び，そのような限定がなく一般的に適用される法律を一般法と呼んでいる。このような区別をする実益は，「特別法は一般法に優先する」という格言に表れているように，どの法規範が適用されるかが問題となる場合に，特別法の規定が，一般法の規定に優先して適用されるところにある。すなわち，ある特定の対象に対して，2つの法律にそれぞれ規定が存在し，その2つの規定が矛盾するような場合には，特別法の規定が適用されるということである。

―――――――――――
一般法としての民法
―――――――――――
このような一般法と特別法という区別の観点からみると，民法は私法の分野における一般法である。すなわち，民法は職業・年齢・男女の区別なくすべての人に適用される法である。これに対して，私法の分野のほかの法は多かれ少なかれ，その適用範囲が限定されている。たとえば，商法その他の法律は，民法に対する関係においては，特別法である。具体的に，設例にあるように，個人で喫茶店を営業しているAが同業者であるBに金銭を貸す場合を例にこのことを説明する。なお，通常，物の貸し借りにおいては，借主は借りた物それ自体を貸主に返還するのであるが，金銭のような代替性のある物の貸し借りについては，借主は借りた物を消費し，後か

1 民法の意義　13

らそれと同種同等の物を返還するところから，消費貸借と呼ばれている。金銭の貸し借りは消費貸借の代表的な例である。

　金銭の消費貸借について，民法587条は，「消費貸借は，当事者の一方が種類，品質及び数量の同じ物をもって返還をすることを約して相手方から金銭その他の物を受け取ることによって，その効力を生ずる」と規定しているが，「数量の同じ物をもって返還をする」という表現によって一般に金銭の貸し借りには，とくに合意しない限り，利息が付かないことを定めているものと解される。そして，民法589条1項は，利息を支払う旨の特約がない限り，貸主が借主に利息を請求できないことを定めている。これに対して，商法513条1項は，「商人間において金銭の消費貸借をしたときは，貸主は，法定利息を請求することができる」と規定し，商人間の貸し借りについては，当事者間に利息についての合意がなくても，貸主は法定利息の請求ができることを定めている。ここで法定利息というのは，法律に定められている利率（法定利率）による利息のことを意味する。

　この2つの規定の内容は，一見矛盾しているようにみえるが，「特別法は一般法に優先する」という準則に従って，商人間の消費貸借には商法513条が適用されるため，設例においてAとBとの間で利息についての合意がなくても，AはBに法定利率により計算された利息を請求できる。また，法定利率について，民法404条は詳細な定めを置いている。現在は年3％であるが（同条2項），同条に定める計算方法によって，変動するものとされている（なお，法定利率については，民事と商事の区別なく，民法が適用される）。すなわち，Aは，Bに対して元本の100万円とそれに対する年3％の割合で計算した3カ月分の利息7500円を請求することができ

14　第2章　民法と民法典

る。さらに，支払いが約束した期限よりも遅れたことによる損害賠償として，年3％の割合で計算した弁済期以後支払いがなされるまでの期間の遅延損害金の支払いも請求できる。

一般法と特別法との分類の相対性

このような一般法と特別法の関係は相対的なものである。たとえば，商法は，民法に対する関係では特別法であるが，金融商品取引法との関係では，商法が一般法であり，金融商品取引法が特別法である。また，同一の法律の中でも一般規定と特別規定との関係が存在する。たとえば，債務の弁済について，債権編の第1章総則に置かれている民法484条1項は，「弁済をすべき場所について別段の意思表示がないときは，特定物の引渡しは債権発生の時にその物が存在した場所において，その他の弁済は債権者の現在の住所において，それぞれしなければならない」と規定している。他方，売買代金の支払い（債務の弁済である）について，債権編の第2章契約に置かれている民法574条は，「売買の目的物の引渡しと同時に代金を支払うべきときは，その引渡しの場所において支払わなければならない」と規定している。前者が一般規定であって，後者が特別規定であると考えられる。したがって，売買の場合には，後者が優先的に適用される。売買の場合には，目的物の引渡しと代金の支払いが同時に行われることが通常であるから，同一の場所で両方の債務が履行されることを規定しているのである。その結果，代金の支払い場所は必ずしも債権者（＝売主）の住所地であるとは限らないことになる。

1 民法の意義 15

2 民法の構造

形式的意義の民法と実質的意義の民法

民法がどのような法規範からなっているかという観点からみると、民法ということばは、2つの意味に用いられている。第1に、民法は、狭い意味では、「民法」という名称の法律（民法典という）を意味する。このような意味に用いられる民法を形式的意義における民法という。第2に、民法は、広い意味では、私法の一般法としての民法を意味する。このような意味に用いられる民法を実質的意義における民法という。具体的には、「民法」だけではなく、不動産登記法・遺失物法・製造物責任法・戸籍法などの法律がそれに含まれる。

民法典の構造

ところで、民法典は、総則、物権、債権、親族および相続の5つの編からなっている。このような編別はドイツ民法典の編別にならったものである（もともと、ローマ法の学説彙纂（いさん）（Pandectae、別称 Digesta）でとられていたものをもとにしているが、そのことから、パンデクテン体系と呼ばれている）。総則は、物権以下の編に対する関係において一般的な規定をまとめたものである。そして、権利を物権と債権に分け（物権と債権の区別については、第3章で述べる）、それぞれに関する規定をまとめて、物権および債権の編としている。親族は、夫婦・親子など家族に関する規定をまとめたものである。最後の相続は、人の死亡による財産の承継に関する規定をまとめたものである。一般に、前の3編を財産法と呼び、後の2編を家族法（あるいは身分法）と呼んでいる（なお、家族法の意味につい

ては第12章で述べる）。

3 民法の歴史

民法編纂（へんさん）の
理由

　明治政府は，当初から近代的な法制度の
整備の一つとして，民法その他の法律の
制定を考えていた。しかし，現行の民法
典が最終的に制定され，施行されたのは，明治31年であった。

　なぜ民法を含め西欧にならった近代的な法制度の整備が必要と
されたかについては，次の3つの理由があげられている。すなわち，
国内的に法を統一する必要があったこと，封建制を廃止し，資本
主義国家を作る必要があったこと，不平等条約を改正する必要が
あったこと，の3つである。とくに，第3の点は，法制度の整備
の最も重要な動機であったと考えられている。江戸時代の末期に
徳川幕府によって諸外国との間に締結された通商条約は，領事裁
判権を定めて治外法権を認めたことによりわが国に裁判権がない
こと，関税率協定制度を認めたことによりわが国に関税自主権の
ないこと，片務的な最恵国待遇条款を定めたことなど，不平等な
内容のものであった。そこで，明治政府のもとではその改正が大
きな課題であったが，その実現のためには，近代的な法制度を整
備する必要があったのである。

旧民法の編纂

　明治初期における民法編纂の試みは成功
しなかった。そこで，明治13年に当時
司法省の法律顧問であったフランス人のボアソナード（Boissonade
de Fontarabie, Gustave Émile）による本格的な民法典の起草が開始
された。ボアソナードがフランス語で起草したものを日本語に翻

3 民法の歴史　17

訳するという形式で草案が作成され（ただし，人事編および財産取得編のうち相続の部分については，日本人によって起草がなされた），最終的に明治23年に全5編が公布され，明治26年1月1日から施行されることとなった。これは旧民法あるいはボアソナード民法と呼ばれている。旧民法は，フランス民法にならって自由主義・個人主義を指導原理とする近代的な法典であった。また，ボアソナードは，フランス民法のみならず，イタリア民法，ベルギー民法などほかのフランス法系の法典をも参考にしている。民法典の編別についても，3編からなるフランス民法典（現在は5編になっている）よりは多少体系的な工夫がなされている（フランス民法典はローマ法の法学提要（Institutiones）にならった編別を採用していて，ローマ法の学説彙纂にならった編別を採用するドイツ民法とは異なっている）。ただ，イギリス法・ドイツ法などが参照されていないこと，定義規定や原理的な規定が多いこと，規定に重複が多くこみ入っていて，十分に整理されていないこと，翻訳的で不明瞭な規定があること，民法と商法の統一性がはかられていないこと，などの欠点があることも指摘されている。

法典論争

ところが，このように旧民法が圧倒的にフランス民法の影響を受けていたために，その施行に対して反対の意見が出され，大きな論争となった（ドイツにおいては，19世紀初めに，フランス民法典（1804年）の影響を受け，民法典を編纂すべきであるという考え方がティボーによって主張され，これに反対するサヴィニーとの間で，ドイツ民法典制定の是非をめぐる法典論争があった。わが国の旧民法に関する論争も，これになぞらえて，法典論争と呼ばれている）。旧民法を支持する断行派とその施行を延期すべきであるとする延期派との間で激しい論争

がなされたが，これは，単に旧民法の内容に関する争いだけでは
なく，当時の法律家の間におけるフランス法学派（断行派）とイ
ギリス法学派（延期派）との間の争いでもあった。結局，明治25
年に旧民法の施行を延期し，修正することになった。

現行民法典の編纂

そこで，内閣に法典調査会を設置し，新
たに民法を起草することになった。起草
委員に任命されたのは，穂積陳重・梅謙次郎・富井政章の3人で
あるが，いずれも当時30歳代の法科大学（現在の東京大学法学部）
教授であった。このようにして，起草委員が分担して，原案を起
草し，法典調査会で審議するという形式によって，民法の草案
が作成された。そして，明治29年に前の3編（総則・物権・債権），
明治31年に残りの2編（親族・相続）が公布され，同年7月16日
から施行されるに至った。これが現行の民法典である（明治民法
とも呼ばれる。後述するように，平成16年に表現の現代語化が行われ，
平成29年に債権法の改正が行われたが，法典の構造が変更されている
わけではないので，本書では現行民法という呼び方を用いている）。

　現行民法は，旧民法と異なり，ドイツ民法の編別を採用し，よ
り体系的になっている。また，条文の表現も簡素化され，明確
になっている。起草の過程では，フランス，ドイツばかりでな
く，多くの国の法典が広く参照された（法典調査会議事速記録や民
法理由書によって，各条文の立法理由を知ることができるが，そこで
は，諸外国の法典が引用されている）。

その後の変遷

このようにして明治31年に施行された
民法は，その後の社会の変化に対応して，
多くの改正を経てきたが，現在でも現行法としての地位を保持し
ている。その間の最も重要な改正は，昭和22年の親族・相続編

3 民法の歴史　19

表2-1　主な改正（民法）

昭和46年	根抵当権制度の新設
昭和51年	離婚後の復氏制度
昭和54年	準禁治産者の範囲に関する改正。公益法人の監督強化
昭和55年	配偶者の相続分の増加
昭和62年	特別養子制度の新設
平成11年	新後見制度の制定・遺言の改正
平成15年	担保物権に関する改正
平成16年	民法の現代語化・根保証に関する改正
平成18年	法人に関する改正
平成23年	親権に関する改正
平成25年	嫡出でない子の相続分に関する改正
平成28年	再婚禁止期間に関する改正
平成29年	債権法の改正
平成30年	成年年齢に関する改正。相続に関する改正
令和元年	特別養子制度に関する改正
令和3年	所有者不明の土地に関する改正
令和4年	嫡出推定制度・懲戒権等に関する改正
令和6年	父母の離婚後の子の養育に関する改正

表2-2　民法が予定していた特別法の例

不動産登記法	明治32法24	平成16年に法律123号として全面改正。
遺失物法	明治32法87	平成18年に法律73号として全面改正。
供託法	明治32法15	
戸籍法	明治31法12	昭和22年に民法親族編・相続編の全面的改正に伴って新たに制定。

表2-3　民法の一般原理を修正する特別法の例

失火ノ責任ニ関スル法律	明治32法40	
工場抵当法	明治38法54	
立木ニ関スル法律	明治42法22	

建物保護ニ関スル法律	明治42法40	
借地法	大正10法49	
借家法	大正10法50	
身元保証ニ関スル法律	昭和8法42	
利息制限法	昭和29法100	
割賦販売法	昭和36法159	
建物の区分所有等に関する法律	昭和37法69	
特定商取引に関する法律	昭和51法57	旧訪問販売等に関する法律。平成12年に名称変更。
仮登記担保契約に関する法律	昭和53法78	
借地借家法	平成3法90	建物保護ニ関スル法律,借地法,借家法を統合。
製造物責任法	平成6法85	
動産及び債権の譲渡の対抗要件に関する民法の特例等に関する法律	平成10法104	旧「債権譲渡の対抗要件に関する民法の特例等に関する法律」。平成16年に,動産譲渡の対抗要件に関する民法の特例を定めるとともに現在の名称に改正。
任意後見契約に関する法律	平成11法150	
消費者契約法	平成12法61	
電子署名及び認証業務に関する法律	平成12法102	
電子消費者契約に関する民法の特例に関する法律	平成13法95	旧「電子消費者契約及び電子承諾通知に関する民法の特例に関する法律」。平成29年に名称変更。
一般社団法人及び一般財団法人に関する法律	平成18法48	
生殖補助医療の提供等及びこれにより出生した子の親子関係に関する民法の特例に関する法律	令和2法76	
相続等により取得した土地所有権の国庫への帰属に関する法律	令和3法25	

の全面改正である（これらの編では，文体が平仮名口語文に改められた）。そして，平成16年に民法の現代語化（表現の現代用語化を主たる内容とする）が行われた。この改正は，文体を片仮名文語文から平仮名口語文に改めること，各条文に見出しをつけること，難解な用語を理解しやすい用語に置き換えることなどを内容とするものであり，確定した判例・通説の解釈に従って条文の内容を改めたいくつかの例外を除いて（たとえば109条），条文の意味内容を変更するものではない。

平成21年に法制審議会は部会を設置して，債権法の見直しが開始され，約5年の審議を経て，要綱がまとめられた。それに基づき改正案が国会に提出され，平成29年に法律44号として成立した（債権法の改正と呼ばれている）。改正法は，判例の発展により，条文の文言と解釈との乖離があるなど，必ずしも国民一般からすると分かりやすいとはいえない現状に鑑みて，分かりやすい民法を目指すものであるが，最近の欧米の民法改正や国際的な規範などを参考にしている。一方で，債権法の中でも，事務管理・不当利得・不法行為の部分は直接の対象となっていないが，他方で，総則編のうち法律行為・代理・消滅時効の部分が対象となっており，債権に関して，民法制定以来の最も大きな改正となっている。

これらを含めて最近の重要な改正は前記の表のとおりである（**表2-1**）。

他方，民法そのものが予定していた特別法（**表2-2**）のほかに，民法の規定では十分に処理できない問題を解決するために特別法が制定されている。これらの法律では，民法の一般的原理が修正されていることも多い（**表2-3**）。

22　　第2章　民法と民法典

4 民法の基本原理

このように，日本の民法はフランスやドイツの民法典の影響を受けているのであるが，その思想をも受け継いでいる。とくに，フランス革命の理念である自由と平等が反映されている。そこから，民法全体に通ずる基本的原理として，次のようなことがあげられている。

財産法の基本原理　　まず，財産法の基本原理として，次の3つがあげられている。

第1に，所有権絶対の原則である。すなわち，物を支配する権利である所有権は最も完全な権利と考えられているが，所有権者は，自由に，その物を使用し，そこから収益をあげ，それを処分することができるのであって，他人はもちろん国家であってもその自由を侵害することはできないということを意味する。所有権の内容について規定する民法206条はこの原則を定めたものである。

第2に，契約自由の原則である。すなわち，契約当事者は，契約をするかしないか，どのような相手方と契約をするか，どのような方式で契約をするか（口頭によるか文書によるかなど），どのような内容の契約をするかについて，自由に決めることができることを意味する。現行民法の制定時にはとくに規定されていなかったが（旧民法には規定されていた），この原則は当然のこととして認められてきた。そして，平成29年改正によって，新たに規定が設けられ（民法521条・522条2項），契約の締結および内容，方式の自由を定める明文の規定が置かれるに至った。

そもそも，民法の基本原理として，私的自治の原則があげられ

ることがある。私的自治の原則というのは，個人の私的生活については，個人の自由な意思決定に委ね，国家が積極的に介入しないことを意味する（意思自治の原則と呼ばれることもあるが，この2つの関係については，いろいろな見解がある）。契約自由の原則は，このような私的自治の原則の契約の面における一つの表れである。

第3に，過失責任主義の原則である。すなわち，人は自由に行動することができ，故意・過失によって他人に損害を与えた場合に損害の賠償責任を負うにすぎないことを意味する（故意・過失がなければ，他人に損害を与えたとしても，その賠償責任を負わない）。とくに，不法行為に関する民法709条はこのことを明確に定めている（不法行為については，第9章で詳しく述べる）。債務不履行に関する民法415条1項は，本文において，債権者が債務者に損害賠償を請求できることを規定し，但書において，債務者の責めに帰することのできない事由があるときは債務者が損害賠償責任を負わないことを定めているが，基本的に同じ考え方によるものである（債務不履行については，第7章で詳しく述べる）。個人の自由な意思を尊重するという意味では，契約自由の原則と表裏をなすということができる。

ところで，これらの原則については，その後，必ずしも絶対的な原則であるとはいえないと考えられるようになり，多くの修正を受けている。たとえば，第1の所有権絶対の原則については，判例によって権利濫用の法理による制限が加えられてきた。戦後の民法改正により民法1条3項にこの法理が規定されたが，同条1項で「私権は，公共の福祉に適合しなければならない」と定めていることも，所有権行使の自由に限界のあることを示すものである。また，第2の契約自由の原則についても，借地借家法，割

24　第2章　民法と民法典

賦販売法など多くの立法によって，契約当事者の一方を保護する目的から，修正されている。すなわち，一定の契約内容を強行規定（当事者が法律の規定と異なる合意をした場合において，その合意の効力が認められるときに，その規定を任意規定といい，その合意の効力が認められないときは，その規定を強行規定という）として定め，当事者がそれに反する合意をすることができないと定めたり（たとえば，借地借家法9条・30条），契約の重要事項を説明し，書面を交付することを義務づけたりしている（たとえば，割賦販売法4条）。

　そして，第3の過失責任主義の原則についても，社会の変化により，過失責任主義が妥当ではなく，加害者に無過失責任を負わせるべきであるとする考え方がでてきた。自動車による交通事故や大工場による公害などがその典型である。そこで，これらの場合における損害については，無過失でも賠償責任を負う旨の立法がなされている（原子力損害賠償法3条，大気汚染防止法25条，水質汚濁防止法19条）。あるいは，自動車損害賠償保障法3条のように，過失責任主義をとりながら，加害者に過失のないことの証明責任を負わせる立法もみられる（民法709条では，被害者が加害者の故意・過失を証明しなければならない）。

| 家族法の基本原理 |

家族法に関する民法第4編および5編は，戦後の民法改正によって全面的に改められた。それ以前の家族法は，日本の家族制度をある程度反映していて，個人主義および男女の平等が不徹底であった（もっとも，男女の不平等は日本の民法だけにみられるものではなかった）。しかし，戦後の民主化の一環である民法の改正によって，これらの点はかなり改められている（とくに，戦後の改正により新たに入れら

4　民法の基本原理　25

れた民法2条は「個人の尊厳」と「両性の本質的平等」を解釈原理として定めている）。そこで，現在では，家族法の基本原則として次の3つがあげられている（これらの基本原則の具体的な内容については，第12章で詳しく述べる）。

第1に，個人主義の原則である。すなわち，社会や家族よりも個人を優先させようとすることを意味する。個人の自由と平等を尊重するという理念からすれば当然のことである。

第2に，男女の平等の原則である。この原則は，個人の自由と平等に含まれるものであるが，歴史的に必ずしも男女平等ではなかったことから，とくに個人主義と別に取り上げられている。

第3に，子の利益の尊重の原則である。とくに親子法，親権法などの分野において，子の利益（子の福祉という表現も用いられている）を優先させることを意味している。

一般法としての民法と特別法としての商法

●設例についての考え方

設例では，Bが約束をした期限が到来しても返済していないのであるから，AはBに対して貸した100万円の返済を請求することができる。そして，本文で説明したように，この場合には，商法の規定が適用され，Aは，Bに対して期限までの3カ月について法定利率である年3％の割合による利息を請求することができるだけでなく，期限後についても同じ割合による遅延損害金（損害賠償）を請求することができる。

第3章

権利と義務

1 権利と義務
2 物権と債権
3 権利の濫用
✐ 権利の濫用の要件―設例についての考え方

A会社の経営する温泉ホテルの引き湯管が無断でBの土地の上を通っていた。そこで，Bは，Aに対して，その管の撤去を求めた。Bの請求が認められるか。

1 権利と義務

権利・義務の意義

ある者がある物から一定の利益を得ること，あるいは他の者に対して一定の作為あるいは不作為を要求することが法規範によって正当視される場合において，そのような利益を権利といい，作為あるいは不作為を要求されることによって他の者に生ずる拘束を義務という。したがって，権利と義務とは一応表裏の関係にあるといってよい。すなわち，権利は，法規範に合致するものとして，国家によって保障されているのである。

たとえば，Xが甲土地を所有している場合（すなわち，Xが甲土地の所有権を有している場合）には，Xはその土地を自由に利用し，そこから利益を得ることができる。建物を建てて，自己の住居として利用すること，他人に貸して賃料を得ることなど多くのことが考えられる。そして，このような利益が他人によって妨げられているときには，裁判所（国家）の力を借りてその妨害を排除することができる。このように，法規範によって保護されているXの利益が所有権の内容である（所有権については，第8章で詳しく述べる）。あるいは，Xが甲土地をYに売却した場合には，Xはその土地をYに引き渡さなければならないが，その対価として，Yから売買代金を得ることができる。すなわち，Xは売買代金債

28　第3章　権利と義務

権を有しているのである。もし，Yが代金を支払わない場合には，Xは，裁判所に訴えて，その代金を取り立てることができる。このように，法規範によって保護されているXの利益が売買代金債権の内容である。

　Xの側からこの例をみると，Xは権利を有しているのであるが（所有権・売買代金債権等），他方Yの側からみると，Yは売買代金を支払う債務すなわち義務を負っていることになる。

2 物 権 と 債 権

私 権 と 公 権

権利には，私法上の権利と公法上の権利とがある。私法上の権利というのは，個人と個人との関係において，ある者が有している権利を意味する。民法では，とくに私法上の権利を私権と呼んでいる（これに対して，公法上の権利は公権と呼ばれている）。たとえば，民法3条1項は，「私権の享有は，出生に始まる」と規定している。人が生まれた時点から権利を取得できる資格を有していることを規定するものであるが（これについては，第4章参照），その対象となっているのは，私法上の権利であって，公法上の権利は含まれない。

物 権 と 債 権

そして，私法上の権利を物権と債権に分けている。一般に，物権というのは，物を直接に支配する権利であると定義されている。たとえば，所有権は典型的な物権であるが，所有権者は他人を介在することなしに，所有している物を自由に支配できる。具体的には，その物を使用したり，廃棄したり，売却したりすることができる。これに対して，債権は人に対して行為を請求する権利であると定義され

2 物権と債権　29

ている。

たとえば，建設会社に建物の建築を注文した者は（当事者の一方がある仕事を完成させ，他方がその仕事の結果に対して報酬を支払うことを内容とする契約を請負契約という），建築会社に対して，約束どおりに建物を建築するように請求することができる。このように，建築会社に対して建物の建築を請求できることが債権である。そして，債権を有している権利者を債権者という。建築会社の方からみると，注文者に対して，建物を建築する義務を負っていることになる。このような義務を債務といい，義務者を債務者という。

また，金銭の貸し借り（消費貸借）においては，貸主は，借主に対してその返還を請求することができる。このように，借主に対して貸金の返還請求をできる権利が債権である。そして，借主の方からみると，借主は貸主に対して借りた金の返還をする義務を負っていることになる。このような義務が債務である。結局，貸主が債権者であり，借主が債務者である。

物権も債権も権利者が法的に保護された利益を有する点では異ならないが，多くの点で異なっている。

―――――――――――――

絶対性と相対性

―――――――――――――

最も根本的な違いは，物権には絶対性が認められるのに対して，債権には絶対性がなく，相対性が認められるにすぎないことである。物権に絶対性があるということは，物権の権利者は，すべての人に対して，自分が物権を有していることを主張できるということを意味する。たとえば，所有権者は，物を所有していることをすべての人に対して主張できる。反対からみれば，所有権者以外の人は，所有権者の所有権を尊重しなければならないということになる（所有権

30　　第3章　権利と義務

について，これは所有権絶対の原則と呼ばれ，民法の基本的な原則の一つであるとされている。第2章参照）。そして，所有権の行使が妨げられている場合には，所有権者はその妨害を排除することを裁判所に訴えることができる。

これに対して，債権には相対性があるにすぎないということは，債権というのは特定の権利者（債権者）と特定の義務者（債務者）との間の関係であって，他の人とは無関係であるということである。すなわち，債権者は債務者に行為を請求できるだけであって，それ以外の第三者にそれを請求することはできないのである。前述の請負契約の例では，注文主は，債務者以外の建築会社に建物の建築を請求することはできない。また，消費貸借の例では，貸主は，債務者である借主以外の者（たとえば，借主の父母など）に貸した金の返還を請求することはできない。

| 排　他　性 |

次に，物権には排他性があるが，債権には排他性がない。ある権利に排他性があるということは，その権利と衝突するような権利を排斥するということである。したがって，物権に排他性があるということは，1つの物の上に，同一内容の物権は1つしか成立しえないということを意味する（一物一権主義という）。債権にはこのような排他性は認められず，同一の内容の債権は，たとえそのうちの1つしか実現しえない場合であっても，複数成立しうると解されている。たとえば，ある小説家が，一方で札幌で講演する契約を締結し，他方でそれと同一の日時に福岡で講演する別の契約を締結した場合には，その契約の先後に関係なく，両方の債権債務関係は完全に有効に成立しうる。すなわち，両方の債権（契約の相手方が小説家に講演をすることを請求する権利）は完全に有効である。

2　物権と債権　31

小説家が札幌で講演すれば，福岡では講演できないことになるが，そちらは債務を履行しなかったことによる損害賠償の問題となる（第7章参照）。

物権法定主義 このように，物権には絶対性・排他性が認められるために，物権がその権利者以外の第三者に与える影響は大きいといわなければならない。そこで，民法その他の法律に定める物権以外の物権を自由に作ることはできないと定められている（民法175条）。これは物権法定主義と呼ばれる。これに対して，債権は債権者と債務者との間の相対的なものであるから，第三者に与える影響はそれほど大きいものではない。そこで，債権については，当事者が自由に定めてよいと考えられる。このような自由を認めるものが契約自由の原則である（民法521条・522条2項）。

3 権利の濫用

ところで，権利とくに私権については，近代の個人主義的な法思想のもとにあっては，他人から侵害されることのない絶対的なものであると考えられてきた。たとえば，フランス革命によって出された人権宣言およびその後に制定されたフランス民法典（544条）にはこのことが明示されている（所有権に関する規定ではあるが）。所有権の内容を定めた日本の民法206条も同様の趣旨を述べたものである。

権利の社会性 しかし，時代の進展に伴って，私権の社会性，公共性が強調されるようになった。すなわち，社会あるいは国家を離れて個人を考えることはできず，

社会生活の中での個人の利益をどのように尊重するか考えなければならないということである。戦後の改正によって新たに挿入された民法1条は，このような私権の社会性を宣言したものである。同条1項は，私権が公共の福祉に従わなければならないという原理を示したものである。すなわち，私権が私的な利害，個人的な利益のみを保護するものではなく，社会全体の利益にも適合するものでなければならないとしている。2項は，権利の行使および義務の履行は信義誠実の原則（信義則と略称されることが多い）に従わなければならないと規定している。そして，3項は，権利の濫用を禁止している。

権利の濫用　ここで，権利の濫用というのは，権利を行使するという外観を備えてはいるが，実質的には権利行使の正当な範囲を超えている場合を意味している。具体的には，客観的要件と主観的要件が必要であるとされている。

客観的要件は，権利行使を認めることによって権利者が得られる利益（あるいは権利者の権利行使が妨げられていることによって被っている損害）と権利行使の結果相手方（義務者）が被ることになる損失とを比較考量することである。前者が軽微であるのに，後者が著しく過大である場合には，権利の濫用としてその行使が認められないことになる。主観的要件は，権利者がどのような意図で権利行使をしようとしているかを考慮することである。単に相手方に損害を与えることだけを意図している場合，不当な利益を得ようとしている場合などにおいては，権利の濫用と判断される。

権利の濫用に関する法理は，すでに戦前から学説・判例によっ

3 権利の濫用　33

て認められていたのであるが，判例では，主観的要件と客観的要件をともに考慮する考え方から，次第に客観的要件を重視する方向に進展してきたと考えられている。

 権利の濫用の要件

●設例についての考え方

設例に即して，権利の濫用が認められるかどうかを考えると，以下のようになろう。まず，客観的要件については，Bの土地が無断で使用されていることによってBが受けている損害と温泉の引き湯管を撤去し，他の場所に設置することによって被るAの損失とを比較することになる。主観的要件については，Bがその撤去を求めている意図が考慮される。たとえば，問題となっている土地がほとんど他に利用価値のない土地であるのに対して，引き湯管を撤去して，他に敷設する費用が莫大であること，Bが撤去を求めているのは，その土地を高く買うことをAが拒絶したためであること，などの事情が認められる場合には，Bの請求は，権利の濫用として許されないということになろう。

第 4 章

法律行為

1 契約・法律行為
  1. 意思表示・契約・法律行為
  2. 公序・良俗，公正
  3. 意思表示の瑕疵
  4. 無効と取消し
2 権利能力・意思能力・行為能力
  1. 権利能力
  2. 意思能力・行為能力

✐ 未成年者の法律行為―設例についての考え方

Aは未成年者であるが，その所有する甲土地をBに売却
し，移転登記をした。Aの親権者であるCおよびDは，そ
の売買契約を取り消せるか。

1 契約・法律行為

1 意思表示・契約・法律行為

意思表示
　　　　　　　　民法では，法的な効果を発生させようと
する意思（内心の意思という）が外部に
表示されるとき（表示行為という），それを意思表示と呼んでいる。
そして，意思表示をする者を表意者と呼んでいる。たとえば，あ
る物を売りたいあるいは買いたいという意思を外部に表示したも
の（たとえば，口で言ったり，紙に書いたりして）が意思表示である。
すなわち，前者は売主の意思表示であり，後者は買主の意思表示
である。契約はこのような対立する2つの意思表示が合致したも
のである。

　ところで表意者以外の者が表意者の内心の意思を知ることは必
ずしも容易ではない。外部に表示されたところからその内心の意
思を推測するほかはない。しかし，内心の意思と表示との間にず
れを生ずることがある。これは後述する意思表示の瑕疵（かし）
の問題である。

契約・法律行為
　　　　　　　　設例で問題となっているのは，売買契約
である。日常生活でも売買あるいは売買
契約ということばはよく用いられている。売買のほかにも，賃貸
借（物の貸し借りであるが，借主が賃料を支払うもの），消費貸借（金

36　第4章 法律行為

銭等の貸し借り）など多くの契約が存在する。

　法的な効果を発生させる行為は必ずしも契約に限らない。たとえば，金銭を貸している人が借主に対して金を返さなくてよいという場合には，借主の同意を必要とせずに債務免除の効果が発生する。すなわち，1人の意思表示だけで法的な効果が発生するのである。このような行為を単独行為と呼んでいる。債務免除のほかにも，契約の解除などがその例である。

　学説は，さらに合同行為という観念を認めている。合同行為というのは，たとえば，会社などの団体を設立する行為を意味する。複数の意思表示が合致したものである点では，契約と共通しているが，契約では両当事者が異なる立場にあるのに対して，合同行為では複数の当事者が同じ立場にあると考えられている。たとえば，売買契約では，売主にとっては代金は高い方がよいが買主にとっては代金は安い方がよいというように，売主と買主とではその立場が異なっている。これに対して，団体の設立では，すべての当事者が同じような立場にある。そこで，契約は両当事者の意思表示はそれぞれ相手方に向かっていて，反対方向にあるが，合同行為は複数の意思表示はすべて同じ方向に向かっていると表現されている。

　このような契約，単独行為および合同行為のすべてを含む概念として法律行為ということばが用いられている。

② 公序・良俗，公正

公序良俗の意義

民法90条は，「公の秩序又は善良の風俗」（一般に，「公序良俗」という）に反する法律行為は無効であると規定している。ここで，「公の秩序」とい

1 契約・法律行為　　37

うのは，国家あるいは社会における秩序をいい，「善良の風俗」というのは，社会における一般的な道徳観念をいう。そして，「無効」というのは，法的な効果を生じないことである。

たとえば，AがBに対して，Cを殺すことを依頼し，それに対して報酬を支払うことを約束するような場合が公序良俗違反の契約の例である。公序良俗に反する法律行為が無効であるということは，そのような法律行為を実現することを国家が認めないことを意味する。ここにあげた殺人依頼の例についていえば，AはBに対してCを殺すことを請求できないし，BもCを殺したからといって，Aに約束の報酬を支払うべきことを請求できない。結局，民法90条は，公序良俗違反の行為を無効にすることによって，国家の秩序，社会の道徳を維持しようとするものである。

無効な契約によって，物や金銭がすでに給付されている場合には，その給付は法律上の原因を欠くものとして相手方の不当利得となり，当事者は無効を主張して，原状回復を求めることができるのが原則である（民法703条）。しかし，その契約の無効が公序良俗違反による場合には，物や金銭の給付がすでになされていても，その給付は不法原因給付とされ，その返還請求は認められない（民法708条。不当利得と不法原因給付については，第10章で詳しく述べる）。

公序良俗ということばは抽象的・一般的
──────────────
公序良俗違反の具体例
──────────────
であって，その具体的内容は必ずしも明瞭ではない。そこで，学説はこれまで判例にあらわれた公序良俗違反の事例を類型化している。具体的には，家族道徳に違反する行為（たとえば，いわゆる妾契約），人格の尊厳・自由を制限する契約（たとえば，父親の借金を娘が酌婦として働くことによって返済

することを約束するいわゆる芸娼妓契約)，正義観念・社会倫理に反する行為（たとえば，女性の定年年齢を男性よりも低く定める就業規則），射倖的な行為（たとえば賭博契約），暴利行為等があげられている。

| 契約条項の公正 |

平成12年に制定された消費者契約法は，一定の要件のもとに事業者の損害賠償責任を免除する条項（同法8条），消費者の解除権を放棄させる条項（同法8条の2），事業者に対し後見開始の審判等による解除権を付与する条項（同法8条の3），消費者が支払う損害賠償の額を予定する条項（同法9条），消費者の利益を一方的に害する条項（同法10条）などを無効としている。これらは，情報力や交渉力において劣位にある消費者の正当な利益が不当な契約条項によって侵害されている場合に，そのような不当条項の効力を否定して，消費者の利益を回復しようとするものである。民法90条とは異なる目的を有するものであるが，当事者間で合意された内容の効果が生じないという点において共通している。

③　意思表示の瑕疵

ところで，意思表示というのは，内心の意思と外部へのその表示とからなっている。通常は，その両者の間に食い違いはないのだが，場合によっては，その間に不一致を生ずることがある。たとえば，ある物を「10万円」で買う意思を有していながら誤って「100万円で買う」と表示したような場合である。このように内心の意思と表示が一致しない場合として，民法は，心裡留保，虚偽表示および錯誤の3種類を規定している。

1　契約・法律行為　　39

| 心 裡 留 保 | 心裡留保というのは，たとえば，AがB に冗談で「自分が今腕にはめている時計

をあげる」と言う場合のように，表意者（A）が表示に対応する
意思がないにもかかわらず，表示する場合である。しかも，この
場合には，表意者自身表示に対応する意思がないことを知ってい
るのである。このような意思表示は原則として無効とはならな
いが，相手方（B）が心裡留保によるものであることを知ること
ができた場合には，無効であると規定されている（民法93条1項）。
無効であるから，この例でいえば，腕時計を贈与するという効果
は生じないということである。AとBとの間では，2人とも冗談
であることを知っていたのであるから，このことは当然である。
しかし，心裡留保の当事者以外の第三者に対する関係においては，
同じように考えることができない。そこで，第三者が心裡留保の
事実を知らなかった場合には（ある事実を知らないことを善意とい
う），第三者に対する関係では心裡留保が有効であったのと同じ
ように扱われる（無効を対抗できない）と規定されている（同条2
項）。たとえば，この例で，BがCにその腕時計を売却したときは，
Cが善意であればAは心裡留保の無効をCに対抗できないことに
なる（結局，Cがその腕時計を取得することになる）。

| 虚 偽 表 示 | 虚偽表示というのは，たとえば，Aが財 産を隠すことを目的に妻であるBと相談

し，AがBに贈与する意思がないにもかかわらず，贈与したことに
する場合のように，表意者（A）が相手方（B）と通謀して，表示に
対応する意思がないにもかかわらず，表示する場合である。この場
合には，表意者だけでなく相手方も表意者に表示に対応する意思
がないことを知っているのである。このような意思表示は，虚偽表

40　　第4章　法律行為

示の当事者間では，無効であると規定されている（民法94条1項）。

そして，心裡留保の場合と同様に，虚偽表示の場合にも，その無効を善意の第三者に対抗できない（同条2項）。

| 錯　　誤 |

錯誤というのは，Aが甲地を売却するつもりで，誤って乙地を売却した場合やBが有名な画家の絵と誤信して偽の絵を買った場合のように，意思表示をした者には，その表示に対応する真意がなかった場合であって，表意者自身がそのことを知らない場合である。この点において，表意者が意思と表示の不一致を認識している心裡留保と異なっている。

民法95条は，錯誤による意思表示を表意者が取り消すことができると規定しているが（意思表示が取り消されると，初めにさかのぼって意思表示は無効になる），そのための要件を2つに整理している（同条1項）。第1に，錯誤の重要性について，「その錯誤が法律行為の目的及び取引上の社会通念に照らして重要なものであるとき」である。そして，第2に，取消しの対象となりうる錯誤として，「意思表示に対応する意思を欠く錯誤」と「表意者が法律行為の基礎とした事情についてのその認識が真実に反する錯誤」の2つをあげている。そして，後者の錯誤については，「その事情が法律行為の基礎とされていることが表示されていたときに限り」，取り消すことができるとされている（同条2項）。

錯誤は，錯誤に陥ったために，内心の意思と異なる表示をした表意者を保護することを目的としているが，相手方は表意者が錯誤に陥っていることを知っているとは限らない。そこで，表意者が錯誤に陥っていたことについて重大な過失があるときは，表意者は錯誤による取消しをすることができない。ただし，「相手方

が表意者に錯誤があることを知り，又は重大な過失によって知らなかったとき」，または「相手方が表意者と同一の錯誤に陥っていたとき」は，除外され，表意者は重大な過失があっても，意思表示を取り消すことができる（同条3項）。

　錯誤による意思表示の取消しは，善意無過失の第三者に対抗できない（同条4項）。心裡留保および虚偽表示の場合には，無効を主張する表意者自身が表示に対応する意思がないことを認識しながら，意思と異なる表示をしているので，第三者が善意であることについて過失のあるなしにかかわらず，善意の第三者を保護している。これに対して，錯誤の場合には，錯誤に陥った表意者自身が表示に対応する意思がないことを認識せずに，意思と異なる表示をしているので，善意であることについて過失のない第三者だけを保護しているのである。

　なお，コンピュータなどを利用した電子取引において，消費者が一方の当事者である場合には，特別法により，消費者が行う申込みまたは承諾の意思表示に民法95条3項が適用されないとされている（電子消費者契約に関する民法の特例に関する法律3条）。ただし，事業者が電磁的方法によりその映像面を介して消費者の意思の有無の確認を求める措置が講じられているとき（たとえば，確認ボタンを画面で表示している場合など）は，民法の原則に戻る。

詐欺・強迫

詐欺というのは，AがBにだまされて，所有する不動産をBに安く売却した場合のように，表意者（A）の内心の意思と表示は一致しているが，だまされた結果，内心の意思が形成されている場合である。また，強迫というのは，AがBに脅されて，所有する不動産をBに安く売却した場合のように，表意者（A）の内心の意思と表示は一致し

42　第4章　法律行為

ているが，脅された結果，内心の意思が形成されている場合である。

これらの意思表示は意思と表示の不一致にはあたらないが，詐欺・強迫がなければ有しなかったであろう内心の意思に従って表示がなされている。そこで，このような意思表示を瑕疵ある意思表示として，表意者は意思表示を取り消すことができると規定されている（民法96条1項）。

ただし，Aが第三者であるCにだまされて，所有する不動産をBに安く売却した場合のように，詐欺が第三者（C）によってなされたときには，相手方（B）がその事実を知っていたか，知らないことに過失のあったときに限って，詐欺による意思表示を取り消すことができるとされている（同条2項）。すなわち，Bが善意無過失であるときは，Aは詐欺による取消しができないのである。また，AがBにだまされて，所有する不動産をBに安く売却した後に，BがそれをCに売却した場合のように，Bに所有権があることを前提として，その上に権利関係をもつことになった第三者がいるときには，表意者（A）は，相手方（B）に対する意思表示を取り消したことを，善意無過失の第三者（C）に主張することができないと規定されている（同条3項）。

このように，意思表示が詐欺によるものであることについて，善意無過失である相手方または第三者に対して詐欺の主張が制限されるのであるが，強迫による意思表示については，このような相手方あるいは第三者を保護する規定はない。したがって，Aが第三者であるCに脅されて，所有する不動産をBに安く売却した場合には，Bがその事実を知っているかどうかに関係なく，Aは意思表示を取り消すことができる。また，AがBに脅されて，所有する不動産をBに安く売却した後に，BがそれをCに売却した

1 契約・法律行為　43

場合にも，Cがその事実を知っているかどうかにかかわらず，A
はBに対する意思表示の取消しをCに主張して，不動産を取り戻
すことができる。

| 不適切な勧誘行為 | 消費者契約法では，消費者が事業者の不適切な勧誘行為に影響されて，契約を締結した場合にその意思表示を取り消すことを認めている(同法4条)。

民法の詐欺・強迫が成立しない場合であっても，当事者間における公平の見地から認められるものである。広い意味で意思表示の瑕疵といえるような場合である。具体的には，重要な事項について事実と異なることを告げた場合，重要な事項について消費者に不利益となる旨を告げなかった場合などである。

④　無効と取消し

| 無効と取消しの異同 | 法律行為の効力を否定するものとして，民法は無効と取消しという2つを定めている。無効というのは，法律行為が初めから存在しなかったものと扱われるのであるが（無効な行為に基づいて給付がなされているときは，原状回復義務を生ずる），誰でも，誰に対しても主張できるものである。また，無効を主張できる期間の制限もない。これに対して，取消しというのは，法律行為は一応有効に存在しているが，行為が取り消されると，初めから無効であったものと扱われるものである（民法121条）。取り消されてしまえば，両者は同じになるが，取り消されるまでは有効とされる点が無効との大きな差異である。ほかに差異として次の2つがあげられる。第1に，取消しができるのは一定の範囲の者に限られる（民法120条）。第2に，取消権者が追認すると，以後は取り消せず（民法122条），

44　第4章　法律行為

追認をなしうる時点から5年間（あるいは，行為の時から20年間）取り消さないと取り消せなくなる（民法126条）。結局，無効と取消しでは，無効の方がより強力な効果をもたらすものといえよう。

　民法が，内心の意思と表示が一致していない場合として，心裡留保，虚偽表示について，その効果を無効としているのに対して，単に内心の意思に瑕疵があるにすぎない場合として，詐欺・強迫について，その効果を取り消しうるものとしているのは，このような考え方によっている。しかし，現在では，無効と取消しのいずれを認めるかは，立法政策の問題であること（たとえば，錯誤による意思表示は，無効とされていたが，平成29年改正により取り消しうるものとなった），無効にも主張制限のされているもの（民法93条2項・94条2項等）などいくつかの種類のものがあること等が指摘されている。

2 権利能力・意思能力・行為能力

① 権利能力

> 権利能力の意義

権利を取得したり義務を負ったりすることのできる地位（資格）を権利能力と呼んでいる。原則として，すべての人間は平等に権利能力を有しているが（権利能力平等の原則），外国人に対しては多少の制限がある（民法3条2項）。民法では，すべての人に権利能力が平等に認められていることを前提として，その出発点を定めている。すなわち，民法3条1項は，人は，出生の時点から権利能力を有することを規定している。したがって，出生前の胎児には権利能力が認められないことになるが，不法行為に基づく損害賠償および相

続・遺贈に関しては，胎児にも例外的に権利能力が認められている（民法721条・886条・965条）。

法人の権利能力

民法は，さらに人間の集合体である社団および財産の集合体である財団が権利義務の主体となることを認めている（民法34条）。これが法人制度である。たとえば，会社はその名前で権利を取得し，義務を負うことができるのである。人間は，法人と区別する意味において，自然人と呼ばれることがある（法人については，第15章で詳しく述べる）。

② 意思能力・行為能力

意思能力

すべての人が権利を取得し，義務を負うことができるのであるが，具体的に権利を取得し，義務を負うのは，契約など法律行為の効果としてである。とくに義務を負うことは，人としての自由を拘束される結果となる。たとえば，売買契約によって買主は売主に代金を支払う義務を負担することになる。たとえ，買主が支払いたくなくても，売主は裁判所の力を借りて，その代金を買主から強制的に取り立てることができる。したがって，当事者が法律行為によってどのような法的効果が生ずるのかを理解して，その法律行為を行っていることが必要となる。たとえば，5歳の幼児がデパートで「おもちゃを買いたい」と言ったからといって，売買契約が成立したとはいえないのは常識にかなうものであり，当然のことであろう。このように，法律行為をするためには，自分のしている行為の効果を理解するだけの一定の判断能力が必要であるといわなければならない。この能力は，意思能力と呼ばれている。

46　第4章　法律行為

そして，法律行為の当事者が意思表示の時に，意思能力を有していなかったときは，その法律行為は無効とされている（民法3条の2）。

| 行為能力とその制限 |

意思能力の有無は，個別的に判断されなければならないが，われわれは日常生活において，毎日のようにいろいろな取引を行っているのであるから，その一つ一つについて，当事者が十分な意思能力を有していたかどうかを判断しなければならないとすると，かなり煩雑になる。そのような手続は実際にもあまり期待できないであろう。そこで，民法は一定の者には当然意思能力があるものと制度的に定めている。すなわち，他人の助けを借りることなしに単独で法律行為をなしうる資格を行為能力と呼び，原則としてすべての人には行為能力があることを前提とし，例外的に判断能力が不十分である者の行為能力を制限し，他人の助けによって法律行為ができるようにして，その保護をはかっている。

| 制限行為能力者 |

行為能力が制限されている者として，未成年者のほかに，精神上の障害により事理を弁識する能力を欠く常況にある者（民法7条），精神上の障害により事理を弁識する能力が著しく不十分である者（民法11条）および精神上の障害により事理を弁識する能力が不十分である者（民法15条）の3類型が認められている。未成年者以外の者については，一定の者の請求に基づいて家庭裁判所がそれぞれの事理弁識能力の差異に応じて，後見・保佐あるいは補助開始の審判を行う。事理を弁識する能力というのは，物事を判断する能力を意味するが，その能力が欠けている度合の大小で3つの類型に分けているのである。また，これらのうち，精神的能力が最も劣ってい

る類型である精神上の障害により事理を弁識する能力を欠く常況
にある者も，日常生活に関する行為について例外的に単独で法律
行為をすることが認められているので，かつての禁治産者のよう
な完全な無能力者ではない。そこで，無能力者ということばに代
えて，制限行為能力者ということばが用いられている。

未成年者　　制限行為能力者として第1にあげられる
のは，未成年者である。未成年者という
のは，成年に達しない者すなわち18歳未満の者である（民法4条
参照）。未成年者は，原則として単独で法律行為をすることがで
きず，単独でした行為は取り消すことができる（民法5条）。未成
年者が法律行為をするためには，親権者または未成年後見人が未
成年者に代わって法律行為をするか，法定代理人の同意を得て未
成年者自身が法律行為をすることが必要である。そして，例外的
にあまり重要でないことなどについては，未成年者が単独でする
ことが認められている（民法5条1項但書）。また，実質的に法定
代理人の同意が与えられていると評価できるような場合について
も，未成年者が単独で行為をすることが認められている（民法5
条3項，6条1項）。

成年被後見人　　第2に，精神上の障害により事理を弁識
する能力を欠く常況にある者であって，
配偶者，4親等内の親族等一定の者の請求により家庭裁判所が後
見開始の審判をした者である（民法7条。親等の意味については第
12章参照）。成年後見人が付されることから，成年被後見人と呼
ばれる（民法8条）。成年被後見人は原則として法律行為をするこ
とができず，成年後見人が代わって行為をしなければならない。
これに違反して，成年被後見人がした行為は取り消すことができ

48　第4章　法律行為

る（民法9条）。ただし，日用品の購入その他日常生活に関する行為については，成年被後見人が単独ですることができる。

| 被 保 佐 人 |

第3に，精神上の障害により事理を弁識する能力が著しく不十分である者であって，一定の者の請求により家庭裁判所が保佐開始の審判をした者である（民法11条）。保佐人が付されることから被保佐人と呼ばれる（民法12条）。ただし，被保佐人は，原則として単独で法律行為をすることができるが，例外的に重要な行為については，保佐人の同意を得なければならないとされている（民法13条）。これに反して，被保佐人が保佐人の同意を得ないでした行為は取り消すことができる。

| 被 補 助 人 |

最後に，精神上の障害により事理を弁識する能力が不十分である者であって，一定の者の請求により家庭裁判所が補助開始の審判をした者である（民法15条）。補助人が付されることから，被補助人と呼ばれる（民法16条）。被補助人は，家庭裁判所が審判により定めた法律行為をするには，補助人の同意を得なければならない（民法17条）。補助人の同意が必要な行為について，被補助人が補助人の同意を得ないでそれをした場合には，その行為を取り消すことができる。

| 制限行為能力者の取引 |

このように，制限行為能力者については，その判断能力が通常人よりも劣っているために被る不利益を親権者，後見人，保佐人および補助人によって保護しようとするものである。しかし，取引の相手方が制限行為能力者であることを知らなかった場合，その者の保護も考慮しなければならない。民法はそれについて2つの制度を定めている。まず，第1に，制限行為能力者と取引した相手方に催告権を与え

2 権利能力・意思能力・行為能力　49

ることによって，取り消しうる法律行為の浮動的な状態（取り消
されるまでは一応有効であるが，取り消されると初めから無効であっ
たことになる）を解消する手段を与えている（民法20条）。すなわ
ち，相手方は法定代理人（親権者・後見人），保佐人または補助
人に対して（制限行為能力者が能力者となった後には本人に対して），
制限行為能力者の行為の追認を催告することができる。これらの
者が催告に応じて，行為を取り消せば，行為はなかったことにな
り，追認すれば有効になる。また，確答しない場合にも取消しま
たは追認のいずれかに確定する。第2に，制限行為能力者があた
かも完全な能力者であるように偽って，相手方をだました場合に
は，行為を取り消すことができないとしている（民法21条）。この
ような場合に取消しを認めることは必ずしも妥当ではないからで
ある。

未成年者の法律行為

●設例についての考え方

設例では，Aは未成年者であるから，不動産を売却するについて
は，親権者であるCおよびDがAの法定代理人として契約を締結
するか，CおよびDの同意を得て，Aが契約を締結することが必要
である。そして，CおよびDの同意を得ないで，Aが単独でBとの
間で売買契約を締結した場合には，未成年者であるA，法定代理
人であるCおよびDはその契約を取り消すことができる（民法5条
2項・120条1項）。ただし，AがBに対して詐術を用いて，自己を
能力者であるかのように誤信させた場合には，CおよびDはAと
Bとの間の売買を取り消すことができない（民法21条）。

第 5 章

代　理

1　代理制度の意義
2　無 権 代 理
3　表 見 代 理
🖉　権限踰越による表見代理
　　　―設例についての考え方

Aは，高齢になったので，財産の管理を息子のBに委任
していた。BはA所有の不動産の管理として，固定資産税
の納付，賃借人からの賃料の受取りなどをAに代わって
行っていた。その後，Bは自分の経営している事業が不振
となったので，Aに無断でAの所有する甲不動産をその賃
借人であるCに売却し，Cへの所有権移転登記を完了した。
Cは，従前からBに賃料を支払っていたので，Bが不動産
を売却する代理権を有するものと信じていた。売却の事実
を知ったAは，Bに不動産を売却する代理権を与えていな
いことを主張して，Cに対して，AからCへの移転登記の
抹消を請求した。Aの請求は認められるか。

1 代理制度の意義

本人・代理人

　法律行為は，必ず自分自身がしなければ
ならないものではない。ある者が自分の
なすべき法律行為を他の者に依頼して，その者が本人に代わって
法律行為をすることも認められている。たとえば，AがBに対し
て自分の所有する土地の売却を依頼し，BがAに代わってその不
動産をCに売却するような場合である（通常は，Aの代わりにBが
売却手続を行うことが表示される）。そして，売買契約はBとCとの
間で締結されているのであるが，あたかもA本人がCと売買契約
をしたのと同じ効果を生ずる（民法99条）。このように，ある者
が本人に代わって法律行為をすることを代理といい，代わって代
理行為を行う者（前述の例ではB）を代理人という。

| 法 定 代 理 |

このような代理制度はいろいろな場面において利用されている。まず，未成年者・成年被後見人（第4章参照）は，制限行為能力者として，単独で法律行為をすることが制限されている。そして，これらの制限行為能力者については，親権者・後見人が本人に代わって行為をすることが定められている。このように法律の規定によって代理人が定められている場合を法定代理と呼んでいる。制限行為能力者を含めてすべての人に権利能力が平等に認められているのであるから，制限行為能力者が権利を取得したり義務を負ったりする際に，制限行為能力者を保護するために代理制度は必要なものである。この場合には，代理人となるべき者は，法律の規定によって定められていて（親権者・後見人），本人の意思は問題とならない。

| 任 意 代 理 |

ところで，代理制度の有用性はこのような法定代理制度による制限行為能力者の保護にとどまらない。人が社会の中でさまざまな活動をするには当然限界があり，たとえば，同時に東京と大阪で取引をすることは不可能である。そこで，代理制度を利用すれば，このような行動の範囲を広げることが可能となる。また，弁護士に紛争の解決を委任する場合，司法書士に登記の申請を依頼する場合等のように，専門家の知識や能力を利用するためにも代理制度が利用される。さらに，法定の後見制度を補完するものとして，代理制度を利用した任意後見制度が平成11年の改正によって設けられた。すなわち，契約によって，精神上の障害により事理を弁識する能力が不十分な状況になった後の自己の生活，療養看護および財産の管理を任意後見人に委託するものである（任意後見契約に関する法律）。

1 代理制度の意義　53

これらの場合には，代理制度を利用しようとする本人の意思に基づいて代理人が定められるのである。そこで，法定代理に対して，このような場合を任意代理と呼んでいる。他人を任意代理人にするために用いられている最も普通の方法は，委任契約である（委任状という形式がとられている）。すなわち，本人が代理人となるべき者に対して，法律行為の代理を委任し，その者がそれを受任することを内容とする契約である。民法の起草者は，代理権を与える行為は委任契約に限ると考えていたようであるが，現在では代理権を与える行為は委任契約に限らず，雇用契約等他の契約によって代理権が与えられる場合もあると考えられている。また，契約ではなく，単独行為によっても代理権を他人に与えることができると解されている。

なお，法人については，法人そのものが直接に行為をすることはできないから，法人のために行為をする者が必然的に必要になる。民法では，理事が法人を代表する旨を規定しているが（一般社団・財団法人法77条。法人については第15章で詳しく述べる），代理と同じ意味であると解されている（代理ということばも用いられている）。

代理制度の問題点

このように，代理制度は，現代の社会において人の活動範囲を広げるものとして不可欠の制度であるといってよい。しかし，代理制度にまったく問題がないわけではない。すなわち，代理人と取引をしたところ，代理人には代理権がなかったという場合の問題である。一方においては，代理人に代理権があると誤信した相手方（第三者）を保護することが考えられなければならない。すなわち，このような場合にも代理権があったのと同じに扱えば，相手方は期待してい

たとおりの結果が得られる。しかし，それによって本人が損失を被る可能性がある。そこで，他方においては，本人の保護を考慮する必要もある。このような相手方（第三者）の保護と本人の保護とを調整するものが表見代理制度である。

2 無権代理

無権代理

ある者が他の者に代理権を与え，その代理人が代理権の範囲内において法律行為をすると，その行為の効果は本人に帰属する（有効と表現されることもある）。このような場合が代理行為の正常な場合であって，一般に有権代理と呼んでいる。しかし，世の中においては，常にこのような正常な代理行為ばかりが行われているわけではなく，代理権のない者が代理人と称して，第三者と契約をしたりすることが生ずる。たとえば，BがAの代理人と称してCと契約したが，Bには代理権がなかった場合が考えられる。このようなものを無権代理という。その場合には，自称代理人（B）のした代理行為の効果は，本人（A）に帰属しないのが原則である（無効という表現がなされることもある）。

追　認

もし，本人がその無権代理行為の効果が自分に帰属することを欲する場合には，本人は追認することができる（民法113条1項）。ここで，追認というのは，代理権のない者がなした代理行為について，それを後から代理権があったものとして認める旨の本人の意思表示である。本人が追認をすれば，代理権のない者がなした代理行為は，最初から代理権があったものと扱われる。

無権代理行為を追認するかしないかは本人が自由に決定できるものである。もし，追認することが自分にとって有益であると思えば，追認すればよいし，有益でないと思えば，追認しなければよい。しかし，相手方からすると，追認の有無が確定しないという浮動的な状態に置かれることになる。そこで，代理人と称した者を信頼した相手方をある程度保護する必要がでてくる。

　相手方を保護する制度として，第1に，無権代理人の相手方は，本人に追認するかどうかを催告することができるとされている（民法114条）。本人に追認するかそれを拒絶するかを選択させることによって，無権代理行為の効果を本人に帰属させるかさせないかを確定させようとするものである。相手方は，相当な期間を定めて本人に対して無権代理行為を追認するか否かを催告することができ，その期間内に確答がなければ，追認が拒絶されたものとみなされる。

取消し

　第2に，相手方の方から無権代理行為を取り消すこともできる（民法115条）。すなわち，相手方は本人が追認しない間は，無権代理行為を取り消すことができる。本人が追認すれば，相手方はもはや取り消すことはできない。もともと，相手方としては本人に効果が帰属することを望んでいたのであり，本人の追認によって本人に効果が帰属することになったのであるから，相手方の取消権がなくなっても，相手方に不利益となるものではない。また，相手方が代理権のないことを知っていたときには（あまり想定できない状況ではあるが），取り消すことができないとされている。

無権代理人の責任

　第3に，相手方は，他人の代理人として契約をした者（無権代理人）に対して，

56　第5章　代　　理

その責任を追及することができる（民法117条1項）。具体的には，その者が自己の代理権を証明したとき，または本人の追認を得たときを除いて，相手方はその者に対して，本人に対するのと同じような履行の請求をするかあるいは損害賠償の請求をすることである。ただし，以下のような場合には，相手方は無権代理人の責任を追及できない（同条2項）。第1に，代理人として契約した者が代理権を有しないことを相手方が知っていたときである（1号）。第2に，そのことを相手方が過失によって知らないときである（ただし，この場合であっても，代理人として契約した者が自己に代理権のないことを知っていたときは，相手方は，無権代理人の責任を追及できる。2号）。第3に，代理人として契約した者が行為能力の制限を受けていたときである（3号）。

3 表見代理

表見代理の意義　ところで，無権代理行為において，相手方が代理人と称した者に代理権があると信じたことに十分の理由があり，そのような外観を生じたことについて本人に何らかの原因があるような場合には，本人が代理権を与えていたのと同じような責任を負わせることが妥当であると考えられる。すなわち，代理権がないにもかかわらず，あたかも代理権があったのと同じに扱うものであり（本人に代理行為の効果が帰属する），表見代理と呼んでいる。具体的には，代理権を与えた旨を表示したのに実際は代理権を与えていなかった場合（民法109条1項），代理人が与えられた代理権の範囲を超えて行為をした場合（民法110条），代理権が消滅したにもかかわらず，代理

3 表見代理　57

人であった者が代理行為をした場合（民法112条1項）の3つの場合が表見代理として認められている。

| 表見代理の3類型

第1の類型は，本人が相手方あるいは第三者に対して他人に代理権を与えた旨を表示したにもかかわらず，実際には代理権を与えていなかった場合である（民法109条）。民法の起草者はこの条文を代理権の授与の一方法と考えていたようであるが（代理権の授与方法として，代理人にではなく直接相手方に代理権を与えた旨を表示することも認める趣旨），その後表見代理の一類型と解されるようになった（「代理権授与の表示による表見代理等」という見出しがつけられている）。代理権を与えたといいながら与えていないということは，現実にはあまり考えられないことである。民法109条の例として考えられているのは，本人が他人に対して本人の代理人であるかのような名称の使用を許していた場合および代理人名を空欄にした白紙委任状が転々と流通し，本人が予想していなかった者が代理人名を補充するなどして代理行為を行った場合などである。この類型の表見代理が認められるためには，相手方が善意無過失でなければならない（代理権がないことを知らず，かつそのことについて過失のないことが必要である）とされている。

また，この場合に，代理人として行為した者が表示された代理権の範囲外の行為をしたときであっても，第三者がその行為が代理権の範囲内にあると信ずべき正当な理由がある（代理権のないことについての善意無過失と同じに解されている）ときは，本人が責任を負う（代理行為の効果が本人に帰属する）とされている（民法109条2項）。

第2の類型は，代理権を与えられた代理人がその代理権の範囲

を超えて代理行為をした場合である（民法110条）。権限踰越〔ゆえつ〕による表見代理あるいは権限外の行為の表見代理と呼ばれる。たとえば，不動産を担保に金銭を借り入れることを依頼された代理人が，その不動産を売却したような場合である。この場合には，相手方において代理権の範囲内であると信ずべき正当な理由のあることが必要であると定められている。

第3の類型は，いったん与えられた代理権が消滅したのに，代理人であった者がかつて有していた代理権の範囲内の行為をした場合である。この場合にも，相手方が代理権の消滅したことを知らず，かつそのことについて過失のないことが必要であると定められている。

また，この場合に，代理人として行為した者が消滅した代理権の範囲外の行為をしたときであっても，第三者がその行為が代理権の範囲内にあると信ずべき正当な理由があるときは，本人が責任を負う（代理行為の効果が本人に帰属する）とされている。

| 表見代理と無権代理の関係 |

なお，これらの表見代理の場合には，本来代理権がないという意味においては無権代理でもあるので，**2**に述べたような無権代理に関する規定も適用されると解されている。たとえば，相手方は，本人に対して表見代理を主張することができる場合であっても，それをせずに，無権代理人に対して無権代理を主張してその責任を追及することができる。その場合に，無権代理人は，表見代理が成立することを主張して，自分の責任を免れることはできない。

そこで，無権代理および表見代理の関係を図示すると**図5-1**となる。

3 表見代理 59

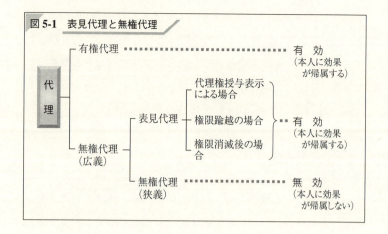

権限踰越による表見代理

●設例についての考え方

　設例は、表見代理の成否が問題となる典型的な事例である。Bは、Aの委任を受けて、Aの財産の管理をしていたのであるから、Aの代理人であるといえよう。そして、その代理権の範囲は、税金の支払い・賃料の取立てなど財産の管理に伴う行為に限られると考えられる。したがって、Aの所有する不動産を売却するような行為は、その代理権の範囲を超えるものと考えられる。すなわち、A所有の不動産をBがCに売却した行為は、無権代理行為である。

　しかし、Cにおいて、Bに不動産売却の代理権があったと信ずべき正当な理由があった場合には、民法110条によりBの行為の効果がAに帰属することになる（代理権があったのと同じに扱われる）。そこで、Cが従前からA所有の不動産を賃借していて、Bにその賃料を支払ってきたことが正当理由になるかが問題となる。

以前にBがAの代理人として不動産を売却したことがあるなどの事情があれば，表見代理が認められる余地があるが（最判昭和31・5・22民集10巻5号545頁参照），単に賃料の取立てを行ってきたにすぎないような場合には，Cとしては代理権の有無をAに確認すべきであり，それをせずに，Bに代理権があると信じても正当理由があるとはいえないであろう。

このように考えると，設例では表見代理は成立せず，AのCに対する移転登記の抹消請求は認められるということになろう。

◇文 学 と 法

　映画や小説の中でかなり専門的な法的問題が取り上げられている
ことも少なくない。そこで，そのような映画や小説を利用して勉強
することも考えられる。たとえば，シャーロット・ブロンテの名作
「ジェイン・エア」（1847 年）は，孤児であるジェイン・エアが世間
の無理解などに負けずに生きていくさまを書いた名作であるが，そ
の中にジェインとエドウォード・ロチェスターとの婚礼が教会で行
われているところで，その婚姻に対しての異議申立てがなされ，ロ
チェスターには狂人の妻のいることが明らかにされる場面がある。
婚姻が教会の権限のもとにあり，身分の管理が教会によって行われ
ていた時代であり，人の移動がそれほど多くはない時代であったか
ら，重婚が可能であったのである。そこで，それを防ぐために，婚
姻をあらかじめ公告し，他人がそれに対して異議申立てをすること
を認めていたのである。身分制度が整備された現在でも，このよう
な公告制度は残っていて，市役所で一定期間公告することになって
いる。著者はローマで一度その公告を見たことがあるが，立ち止まっ
て見る人はほとんどなく，形骸化しているようである。

　必ずしも，古典ばかりでなく，現代のものでも法的な知識を与え
てくれる小説は少なくない。たとえば，和久峻三「沈め屋と引揚げ屋」
（角川文庫）では手形の取引が取り上げられ，宮部みゆき「火車」（新
潮文庫）では自己破産が取り上げられている。

　また，ノンフィクションの中にも法学の勉強に役に立つものもあ
る。法学者の著作も多い。たとえば，古典的なものとして，民法の
起草者の一人である穂積陳重の「法窓夜話」（岩波文庫），末弘厳太
郎「嘘の効用」（冨山房，日本評論社）などをあげることができる。
また，岩波新書にも法律関係のものが多く収められている。

第 6 章

時　効

1 時 効 制 度
　　① 時効制度の意義（存在理由）
　　② 時効の援用と効果
　　③ 時効の完成猶予と更新
2 取 得 時 効
3 消 滅 時 効
🖉 消滅時効の援用―設例についての考え方

Aは，1年後に返済するという約束で，大学時代の友人であるBから10万円を借りた。返済期限が来ても，AはBに借りた金を返済することができなかった。Bは，Aが古くからの友人であるので催促をしないまま放置していた。Aも催促されないので，借金をしたことをすっかり忘れていた。ところが，返済期限から10年以上が経過した時点において，突然にBがAに返済を請求した。Bの請求は認められるか。Aは弁済しなければならないか。

1 時 効 制 度

□1 時効制度の意義（存在理由）

　時効というのは，真実の法的な権利義務関係と異なる事実状態が長期間にわたって継続した場合に，その事実関係を法的に認める制度である。たとえば，ある土地の所有者でない者が所有者として20年以上継続してその土地を占有していた場合に，その土地の所有権を取得する。あるいは，100万円を支払う債務を負っている者が，債権者から請求を受けないままに5年または10年以上経過した場合には，その債務が消滅する（前者を取得時効，後者を消滅時効という）。このように，一定期間継続した事実状態を尊重しようとするのが時効制度である。

　時効制度は，ローマ法においても認められているように古くから存在する制度であるが，なぜ時効が認められるのかについてさまざまな議論がなされている。従来，多くの学説は，取得時効と消滅時効を統一的に考えて，次の3つの存在理由をあげている。

64　第6章　時　効

| 事実状態の継続 |

第1に，一定期間真実の権利義務関係とは異なる事実状態が継続し，それを前提としてさらに法律関係が生じている場合に，真実の権利義務関係に基づいて新たな法律関係が覆されると法的安定性を害するから，事実状態を信頼した第三者を保護するために時効制度が必要であるということである。

たとえば，ある土地がA→B→Cというように転々と譲渡されて，Cがすでに20年以上継続してその土地を占有している場合を考えてみよう。もし，最初のA→Bの売買契約が何らかの事由によって無効であるとすると，Bは最初から所有者ではなかったことになり，Cは，たとえBが所有者であると過失なく信頼しても，所有権を取得しえないはずである（何人も自己の有しない権利を他人に譲渡することはできないのが原則である）。そして，AがA→Bの売買の無効を主張して，Cからその土地を取り戻すことができるはずである。しかし，Bの所有権を信頼して長期間にわたって所有者として土地を所有してきたCを保護することも必要である。そこで，民法は，Cに対して時効によりその土地の所有権を取得することを認めたのである。したがって，Cは，Aの取戻し請求に対して，自分に所有権のあることを対抗できる。

もし，取得時効が認められないとすれば，不動産を買い受けようとする者は，過去の所有者について無限にさかのぼって調査し，それらの者が真に所有していたかを明らかにしなければならない。しかし，時効制度が存在することによって，その調査は，時効が認められるのに十分な期間に限定して行えばよいことになる。

| 証明の困難 |

第2に，長期間が経過すると真実の権利義務関係を確実な証拠によって証明する

1 時効制度 65

のが困難になるから，事実状態を真実の権利義務関係として扱うのが妥当であるということである。たとえば，Dは，Eに対して負担していた100万円の債務の支払いをしたにもかかわらず，20年後に再度Eから支払いを請求された場合に，20年前にすでに支払ったことを証明することはかなり困難である（受取証を20年も保存していることは極めてまれであろう）。そこで，債権者が権利を行使できることを知った時から5年または権利を行使できる時から10年を経過したときには，債務は時効により消滅するとしたのである（民法166条1項）。最も一般的と考えられる弁済期の定めがある債権の場合には，債権者が権利を行使できることを知った時は弁済期を意味するから，弁済期から5年間権利を行使しないと，その債権は時効消滅することになる。もし，消滅時効が認められないとすると，債務者は債務を履行したことの証拠を永久に保存しておかなければならないことになる。しかし，消滅時効が認められるのであるから，債務者は弁済したことの証拠をそれに必要な期間保存しておけばよいことになる。

権利者の怠慢

第3に，権利の上に眠る者は保護に値しないということである。すなわち，権利者が権利を行使しないままに長期間放置していたとすれば，そのような権利者はもはや保護に値しないから，権利が消滅すると考えるものである。たとえば，Fは，Gに対して100万円の債権を有していて，弁済期が到来していることを知っているにもかかわらず，請求をしないままに5年以上放置していた場合に，その債権は時効によって消滅するとされている。

その後，時効制度一般について考察するのではなく，時効の種類についてその根拠あるいは存在理由を考えるべきであるとする

66　第6章　時　効

学説が多くなっている。また，民法に含まれる時効に関する規定についても，沿革的にさまざまな起源を有するものが存在していて，統一的に理解することはかなり困難であることも指摘されている。

② 時効の援用と効果

時効の効果　　真実の法律関係と異なる事実状態が一定期間継続することを中核とする要件がみたされると，時効が完成し，時効の効果が発生する。取得時効について，民法162条1項および2項は，「……所有権を取得する」と規定し，消滅時効について，166条1項は，「債権は……消滅する」と規定し，2項は「債権又は所有権以外の財産権は……消滅する」と規定している。このような規定の表現からすれば，時効の要件がみたされると（時効が完成すると），その効果が当然に生ずることになる。しかし，民法145条は，当事者が時効の援用をしなければ，裁判所は時効によって判断をすることができないと規定している。ここで，時効の援用というのは，時効によって利益を得る者（所有権の取得時効における時効取得者，債権の消滅時効における債務者など）が時効の利益を受けようとする行為を意味する。すなわち，当事者が時効の利益を受ける旨の意思表示をしなければ，裁判所は時効の効果が生ずることを前提に判断することができないということである。

たとえば，Aに対して債権を有するBが，弁済期から5年以上請求しないままに放置していたにもかかわらず，Aに債務の履行を請求した場合に，Aが債務を弁済したことを主張して，消滅時効を援用しないときには，裁判所は時効によって判断することは

1 時効制度　　67

できない。そこで，Aが弁済したことの事実が確認できないとき
には，裁判所は，Aに対して債務の弁済を命ずる判決をすること
になる。したがって，債権が時効消滅していないのと同じ結果と
なり，このような取得時効あるいは消滅時効に関する規定と援用
に関する規定との間に矛盾があるようにみえる。

実体法説と訴訟法説 これらの規定を統一的に理解するために
時効の効果をどのように解するかにつ
いて，学説・判例の見解が分かれている。大きく分けると，2つ
の考え方が対立している。第1の考え方は，時効の完成によって，
権利を取得したり，権利が消滅したりするという実体法上の効果
が発生するというものである（実体法説）。そして，当事者によ
る時効の援用については，それを訴訟上の攻撃防御方法であると
する考え方，実体法上の効果は不確定的であって，援用の有無に
よってそれが確定的になるとする考え方がある。第2の考え方は，
時効は訴訟法上の制度であって，時効の援用は法定証拠の提出で
あるとする説である（訴訟法説）。実際に個々の規定の解釈におい
ては，このような法律構成の差異はあまり影響しないと考えられ
ている。

　このように，時効の効果について考え方の対立はあるが，いず
れの見解によっても，当事者の援用がなければ，時効の効果は認
められない点に変わりはない。これは，時効が完成しても，時効
を援用して債務を免れることはしたくないと思う者に，時効を援
用しない自由を認めるものである。たとえば，債務が時効消滅し
ても，債務者が弁済したいと思えば，有効に弁済することができ
るのである。すなわち，債務がないのに弁済したのではなく，存
在する債務の弁済がなされたものと評価されるのである。

68　第6章　時　効

| 援用権者の範囲 |

時効は，当事者が援用しなければ，裁判所がこれによって裁判をすることができないと定められている（民法145条）。ここで，「当事者」がどのような意味を有するかが問題となる（「援用権者の範囲」と呼ばれている）。判例は，援用権者を時効により直接利益を受ける者であると解してきた。たとえば，取得時効についていえば，時効によってその権利を取得する者，消滅時効についていえば，時効によってその債務を免れる債務者が直接利益を受ける者の典型的な例である。消滅時効において問題となることが多いが，判例は援用権者の範囲を広げる傾向にあり，そのほかにも，債務者の保証人（債務者が債務を弁済しないときに，債務者に代わって債務を弁済することを約束した者），債務者の物上保証人（他人の債務のために，自己の財産を担保に提供した者。債務が弁済されないときには，債権者は，その財産から弁済を得られる），抵当不動産の第三取得者（債務を担保するために抵当権の設定されている不動産を，抵当権の負担がついたままで取得した者）なども援用権者に含まれると解してきた。そこで，現在では，「当事者（消滅時効にあっては，保証人，物上保証人，第三取得者その他権利の消滅について正当な利益を有する者を含む。）」と明示されている。

| 時効の利益の放棄 |

時効の利益を受けようとする行為が援用であるのに対して，時効の利益を受けないという意思表示を時効利益の放棄と呼んでいる。時効完成前に時効の利益を放棄することはできないと規定されている（民法146条）。時効完成前の放棄を認めると，当事者間の合意によって永久に時効にかからない債権債務関係が成立することになる。たとえば，高利貸しが金に困っている人に金を貸すときに，借主に

1 時効制度 69

あらかじめ時効の利益を放棄させることが考えられる。このように、事前の放棄を認めることは債務者に著しく不利益をもたらすこととなり、前述のような時効制度の趣旨に反するから、事前の放棄を否定したのである。

しかし、時効が完成した後には、時効の援用をすることは自由であるから、時効の利益の放棄を認めても、このような不利益をもたらすことはない。そこで、民法146条の反対解釈として、時効完成後に時効の利益を放棄することは許されると解されている。ところで、時効の完成したことを知らずに、債務の承認をした者が、後に時効の完成を知った場合に、時効の援用をすることができるかが問題となる。かつて判例は、このような場合には時効の完成を知っていたと推定されるとし、時効の利益の放棄があったものとして、時効の援用を認めなかった（最判昭和35・6・23民集14巻8号1498頁）。学説では、時効の援用を認めない結論は妥当であるが、このような推定は経験則に反するという批判がなされていた。その後、最高裁は判例を変更し、このような推定は許されないとして、信義則・時効制度の存在理由を根拠に、債務を承認した以上、時効が完成したことを知らなかったとしても、消滅時効を援用することはできないとするに至った（最大判昭和41・4・20民集20巻4号702頁）。

③ 時効の完成猶予と更新

はじめに

時効が完成するためには、真実の権利関係と異なる事実状態が一定期間継続することが必要であるが（時効期間という）、定められた期間の中途で一定の事由が発生すると、時効の完成に影響を与えることになる。

70　第6章　時　効

民法は，時効の完成猶予および更新という2つの場合を認めている。

| 時効の完成猶予 |

時効の完成猶予というのは，一定の事由があると，その事由が終了するまでの間は，時効が完成しないというものである。効果としては，従来の停止にあたるものであるが，完成猶予という分かりやすい用語を用いるとともに，従来中断事由とされていた事由にも完成猶予の効果を認め，さらに，一定の場合にはその後更新を認めている。

完成猶予事由は民法147条から151条，158条から161条に列挙されている。

第1に，民法147条は，①裁判上の請求，②支払督促，③民事訴訟法の和解・民事調停法または家事事件手続法の調停，④破産手続参加，再生手続参加または更生手続参加をあげている。これらの事由がある場合には，その事由が終了する（確定判決または確定判決と同一の効力を有するものによって権利が確定することなくその事由が終了した場合にあっては，その終了の時から6カ月を経過する）までの間は時効は完成しない。

第2に，民法148条は，①強制執行，②担保権の実行，③民事執行法の競売，④民事執行法の財産開示手続をあげている。これらの事由がある場合には，その事由が終了する（申立ての取下げまたは法律の規定に従わないことによる取消しによってその事由が終了した場合にあっては，その終了の時から6カ月を経過する）までの間は時効は完成しない。

第3に，民法149条は，①仮差押え，②仮処分をあげている。これらの事由がある場合には，その事由が終了した時から6カ月を経過するまでの間は時効は完成しない。

1 時効制度　71

第4に，民法150条は，催告があったときは，その時から6カ月を経過するまでの間は，時効は完成しないと規定している（1項）。そして，催告によって時効の完成が猶予されている間にされた再度の催告は，完成猶予の効力を有しないと規定している（2項）。繰り返して催告することによって，時効の完成を遅らせることを認めない趣旨である。

　第5に，民法151条は，権利についての協議を行う旨の合意が書面でされたときにも，完成猶予を認めているが，①その合意があった時から1年を経過した時，②その合意において当事者が協議を行う期間（1年に満たないものに限る）を定めたときは，その期間を経過した時，③当事者の一方から相手方に対して協議の続行を拒絶する旨の通知が書面でされたときは，その通知の時から6カ月を経過した時の3つのうちのいずれか早い時までの間は，時効が完成しないとしている（1項）。なお，書面による協議によって時効の完成が猶予されている間に再度協議を行う旨の合意が書面でなされたときは，完成猶予の効力を有するが，その効力は，時効の完成が猶予されなかったとすれば時効が完成すべき時から通じて5年を超えることはできない（2項）。

　第6に，民法158条1項は，時効期間の満了前6カ月以内の間に未成年者または成年被後見人に法定代理人がないときは（たとえば，未成年者の親権者が死亡し，後見人がまだ選任されていない場合など），これらの者が行為能力者となった時または法定代理人が就職した時から6カ月を経過するまでは，時効は完成しないと規定している。また，同条2項は，未成年者または成年被後見人がその財産を管理する父，母または後見人に対して権利を有するときは，これらの者が行為能力者となった時または法定代理人が就

72　第6章　時　効

職した時から6カ月を経過するまでは，時効は完成しないと規定している。

第7に，民法159条は，夫婦の一方が他の一方に対して有する権利については，婚姻の解消の時から6カ月を経過するまでの間は，時効が完成しないと規定している。

第8に，民法160条は，相続財産に関しては，相続人が確定した時，管理人が選任された時または破産手続開始の決定があった時から6カ月を経過するまでの間は，時効が完成しないと規定している。

第9に，民法161条は，時効期間満了の時にあたり，天災その他避けることのできない事変のために，民法147条1項または148条1項に掲げる事由に係る手続を行うことができないときは，その障害が消滅した時から3カ月を経過するまでの間は，時効が完成しないと規定している。

民法147条〜151条までの規定による完成猶予の効力は，その事由が生じた当事者およびその承継人の間でのみ相対的に生ずるにすぎない（民法153条）。

時効の更新というのは，時効期間の中途で，以下のような一定の事由があると，それまでの期間は無意味なものとなり，新たに時効期間が進行を開始するものである。第1に，民法147条1項に定める事由がある場合において（「時効の完成猶予」において前述した第1の場合），確定判決または確定判決と同一の効力を有するものによって権利が確定したときは，時効は，これらの事由が終了した時から新たにその進行を始める（同条2項）。

第2に，民法148条1項に定める事由がある場合において（「時

1 時効制度 73

効の完成猶予」において前述した第2の場合），時効は，これらの事由が終了した時から新たにその進行を始める（同条2項）。ただし，申立ての取下げまたは法律の規定に従わないことによる取消しによってその事由が終了した場合はこの限りでない。

　第3に，権利の承認があったときは，時効は，その時から新たにその進行を始める（民法152条1項）。

　時効の更新の効力についても，完成猶予と同様に，その事由が生じた当事者およびその承継人の間でのみ相対的効力を有するにすぎない（民法153条）。

2 取得時効

取得時効の要件

　取得時効については，民法162条以下に規定されている。取得時効の対象となるのはすべての財産権であるが，162条において所有権について規定し，それ以外の財産権について163条において規定している。規定は異なるが，基本的な考え方は同一である。

　所有者でない者が20年間所有の意思をもって平穏かつ公然に他人の物を占有した場合には，その物の所有権を時効取得する（民法162条1項）。そして，占有に関するこれらの要件に加えて，占有の開始時において占有者が善意無過失（自分が所有者であると過失なく信じたこと）であったときには，時効に必要な期間は10年に短縮される（同条2項）。

取得時効の証明

　時効取得を主張する者は，これらの要件のすべてを証明する必要はない。20年間（あるいは10年間）占有を継続したことを証明するためには，この

期間の前後において占有していたことを証明すれば，その間占有が継続していたものと推定される（民法186条2項）。また，占有していることを証明すれば，所有の意思をもって善意，平穏かつ公然に占有しているものと推定される（同条1項）。無過失については，このような規定がないので，10年の時効を主張する者が証明しなければならない。

時効取得者が所有権を取得するのは，一定期間占有したことによるものであって，原始取得であるとされている。すなわち，元の所有者の所有権に基づいて承継取得するものではないから，時効取得者は，元の所有権に付着していた制約（たとえば抵当権など）は受けない完全な所有権を取得する。

3 消 滅 時 効

消滅時効の要件

消滅時効については，民法166条以下に規定されている。通常の債権については，起算点の違いにより，2つの時効期間を定めている（民法166条1項）。第1に，債権者が権利を行使できることを知った時から5年間行使しないときである。第2に，債権者が権利を行使できる時から10年間行使しないときである。第1の場合には，起算点が主観的に定められている（1号）。たとえば，当事者間で弁済期について確定期限を定めている場合（たとえば，弁済期を令和元年5月31日と定めている場合など）には，債権者は債権の成立時からそのことを知っているのが通常であるから，弁済期から起算し，5年で時効が完成することになる。これに対して，当事者間で弁済期について不確定期限（あるいは条件）を定めている場合（たとえ

3 消 滅 時 効　　75

表6-1 時効期間

		取 得 時 効	消 滅 時 効
所 有 権		○（162条） 20年，10年	× （消滅時効にかからない）
その他の財産権	所有権・債権以外の財産権	○（163条） 20年，10年	○（166条2項） 20年
	債 権		○（166条1項） 通常の債権 10年，5年 ○（167条） 生命・身体の侵害による 損害賠償請求権 20年，5年 ○（724条・724条の2） 不法行為による 損害賠償請求権 20年，3年 （ただし，生命・身体の侵害 による場合は20年，5年）

ば，建物の建築費用の借主が，その建物が完成し，請負人から引渡しを受けた時から1カ月後に弁済することを定めている場合など）には，貸主（債権者）が弁済期が到来したことを知った時（たとえば，借主が引渡しを受けて数カ月後にそのことを知った場合）から，起算し，5年で時効が完成することになる。第2の場合には，起算点が客観的に定められている（2号）。すなわち，当事者の知不知にかかわらず，弁済期が到来した時から10年間で時効が完成することになる。通常は，第1の場合にあてはまる例が多いと考えられることから，実質的には改正により時効期間が5年に短縮されたといってよい。

76　第6章　時　効

債権または所有権以外の財産権は，権利を行使できる時から20年間行使しないときは，時効によって消滅する（民法166条2項）。なお，所有権は，権利を行使しないことによって時効消滅することはない。もっとも，他人が取得時効によって所有権を取得した反射的効果として所有権を失うことはありうる（1つの物について所有権は1つしか成立しない。第3章参照）。所有権の絶対性ないし永久性の理念に由来するものである。

人の生命または身体の侵害による損害賠償請求権の消滅時効については，客観的起算点による時効期間を10年（民法166条1項2号の場合）ではなく，20年としている（民法167条）。人の生命・身体の侵害を重視し，その損害賠償請求権をより強く保護する趣旨である。なお，不法行為に基づく損害賠償請求権についても，人の生命または身体の侵害による損害によるものである場合には，被害者が加害者および損害を知った時から，5年間で時効消滅するとされている（民法724条の2）。

> **消滅時効類似の制度**　権利を行使する期間が一定期間に制限されているという意味において，消滅時効に類似する制度として，次のようなものがある。

第1に，除斥期間である。更新のないこと，援用を要しないことにおいて，消滅時効と異なると考えられている。消滅時効と別に除斥期間を認めているドイツ民法と異なり，日本民法では除斥期間という用語は用いられていないので，除斥期間を認めているのか不明確である。しかし，学説は，除斥期間の概念を認め，消滅時効であるか除斥期間であるかの判断について，条文の文言にこだわらず，権利の性質，規定の実質に従って，判断すべきであるとしている。たとえば，取消権や解除権のような形成権，民

3　消滅時効　77

法が比較的短期の期間制限を定めていて，「時効によって消滅する」という表現がなされていない請求権（民法193条, 600条1項等），1つの権利について，長短2つの期間制限を定めている場合における長期の期間（民法126条, 426条等）が除斥期間であるとされている。

第2に，権利保存期間（失権期間）である。売買や請負において，買主・注文主に引き渡された目的物が契約に適合しない場合に，買主・注文者は，売主・請負人に対して，履行の追完請求，代金・報酬の減額請求，損害賠償請求，契約の解除などをすることができる（民法566条, 637条。なお，民法559条により，請負にも民法566条が準用される）。しかし，その不適合を知った時から1年内に，そのことを売主・請負人に通知しないと，消滅時効にかかる前に，これらの権利を失うことになる（この期間を除斥期間と解する見解もある）。

第3に，権利失効の原則である。一定の期間の権利不行使について，関係当事者間の信頼関係などを具体的に判断し，権利の行使が信義則に反すると認められる場合に，権利の行使を許さないとする法理である。ドイツの学説・判例により認められた法理であるが，消滅時効を請求権のみに認めているために，形成権について，大きな作用を営んでいると考えられている。日本民法では，消滅時効の対象が広いこと，消滅時効期間が比較的短いことなどから，学説は権利失効の原則を認めることに対して，慎重な立場をとっている。

消滅時効の援用

●設例についての考え方

　設例において，Bは10年間その権利を行使しなかったのであるから，Aは時効を援用して，債務が消滅したことを主張することができる。しかし，Aは時効を援用しないこともできる。すなわち，10年以上が経過しても，Aとしては債務を弁済したいと思えば，時効を援用することなく，弁済することができるのである。消滅時効が完成した債務の弁済も有効な債務の弁済となるのである。

◇法 格 言

　格言というのは，簡潔な表現の中に人間社会の真理を見事にとら
えたものとして，古くから会話や文章の中で使われてきた。法学の
分野でも多くの格言が著作の中で取り上げられてきた（とくに法格
言ということばが用いられている）。ローマ法（ユスティニアヌス法典）
の研究から生まれたものが多く，中世ヨーロッパの共通語であるラ
テン語で書かれていることが少なくない。

　たとえば，契約の拘束力に関して，「契約は守られなければなら
ない」（Pacta sunt servanda）という法格言がよく引用される。これは，
教会法学者によるもので，約束それ自身からその拘束力がでてくる
ということを意味する。法的関係における道徳的な基礎を示すもの
である。

　また，「誰も自分自身の破廉恥を主張することはできない」（Nemo
auditur propriam turpitudinem allegans）という法格言がある。これも，
ローマ法の学説彙纂に関して教会法学者により作られたものである
が，訴訟において自分の不道徳なことをその根拠として主張するこ
とができないことを意味する。フランス，ドイツなどヨーロッパ大
陸法系の諸国でとられているものである。不法原因給付に関する日
本の民法708条は，このような考え方に由来するものである（民法
の制定過程でもこの法格言が引用されている）。

　このように，多くの法格言があるが，日本の教科書でも引用され
ていることが少なくない。たとえば，「売買は賃貸借を破る」（Kauf
bricht Miete）というローマ法以来の法格言は多くの教科書に引用さ
れている（ラテン語でなく，ドイツ語で書かれている）。賃借中の物
が売却されると，賃借人は賃借権を新しい所有者である買主に対抗
できない（請求されれば，返還しなければならない）ことを意味する。
物権の絶対性と債権の相対性からでてくる命題であるが，現在では
大きく修正されている。

第 7 章

契　約

1. 契約の成立
2. 契約の効果
3. 双務契約における 2 つの債務の関係
4. 契約の履行（債務の履行）
5. 契約の不履行（債務不履行）
- 隔地者間における契約の成立
  ―設例についての考え方

> 　Aは，その所有する甲土地を売却したいと考え，友人の
> Bに郵便で甲土地を1億円で売りたい旨を知らせた。Bは，
> Aの提案した条件で甲土地を買い受ける旨を郵便で返事し
> た。ところが，Aがその返事を受け取る前に，Cが甲土地
> を1億5千万円で買いたいと申し入れてきたので，Cに売
> 却してしまった。AとBとの間に売買契約は成立している
> か。

1 契約の成立

契約の成立
——意思の合致

　すでに述べたように，契約は2当事者の
意思の合致によって成立するものであ
る。古い時代には，契約締結について，
厳格な形式が定められていたが，近代以降においては，原則とし
て，契約が成立するためには，両当事者の意思の合致が必要であ
り，かつそれだけで十分である（それ以外に書面によるなどの形式
は不要である）とされるようになった。このような契約の締結に
関する基本的な考え方を諾成主義という。もっとも，日本の民法
でも，消費貸借，使用貸借および寄託においては，合意だけで契
約は成立せず，それに加えて目的物の交付がなされることによっ
て，初めて契約が成立するとされていた（要物契約という）。しか
し，民法の平成29年改正は，これらの契約類型についても，消
費貸借を除いて，諾成契約とするとともに（民法593条・657条），
両当事者の意思の合致によって契約が成立することを明文化した
（民法522条1項・2項）。なお，消費貸借についても，要物性を原

則としながら，一定の要件のもとに，諾成的な消費貸借を認めている（民法587条・587条の2）。

ただし，民法においても，契約（あるいは合意）の当事者による書面の作成が必要とされている場合がある（保証契約に関する民法446条2項，諾成的な消費貸借に関する民法587条の2）。また，近年において，契約当事者の一方が消費者などのような社会的な弱者である場合に，その保護のために，他方の当事者（多くの場合事業者である）に対して，相手方（消費者など）に契約の重要な事項を記載した書面（必ずしも契約書ではないが）を交付する義務を課している場合がある（割賦販売法，特定商取引法，旅行業法，宅地建物取引業法など）。

契約の構造
——申込みと承諾

まず，どのような内容の契約をするかを示して，その締結を申し入れる意思表示を申込みといい，その申込みに応じて，その内容の契約を締結する旨を回答する意思表示を承諾という。たとえば，設例におけるAとBとの間の売買契約についていえば，Aの意思表示が申込みにあたり，Bの意思表示が承諾にあたる。申込みは，意思表示の一般的な原則に従って，それが相手方に到達した時点において，その効力が発生する（民法97条）。申込みを受領した相手方は，その内容で契約をしたいと考えたときに，承諾をすることになる。承諾も申込みと同じように，その相手方である申込者に到達した時点で効力が発生することになる。したがって，その時点で，申込みと承諾が合致し，契約が成立することになる（民法522条1項）。この規定は，隔地者間の契約（両当事者が離れた場所にいて，郵便で意思表示を交換するような場合），対話者間の契約（両当事者が同じ場所に会して契約を締結する場合）

1 契約の成立　83

に共通する原則として，申込みとそれに対応する承諾によって，契約が成立することを定めたものである。

申込みの効力存続と撤回　いったんなされた申込みは，一定期間その効力が存続し，申込者はそれを撤回することができない。申込みを撤回できない期間は，承諾をなすべき期間を定めた申込みにおいては，そこに定められた期間である（民法523条1項本文）。承諾をなすべき期間を定めていない申込みにあっては，申込者が承諾の通知を受けるのに相当な期間である（民法525条1項本文）。ここで，相当な期間というのは，申込みを受けた相手方がそれに対して承諾するかどうかを判断して，承諾の通知をするのに必要な期間を意味する。なお，この場合に，対話者間においては，対話の継続中はいつでも申込みを撤回することができる（同条2項）。

　申込みにおいては，承諾期間の定めの有無と関わりなく，撤回権を留保することができ，留保した場合には，申込者はこのような期間の制約を受けることなく，いつでも申込みを撤回することができる（民法523条1項但書・525条1項但書）。

　承諾期間を定めた申込みについては，その期間内に申込者が承諾の通知を受けなかったときは，申込みは当然に効力を失う（民法523条2項）。ただし，遅延した承諾について，申込者はそれを新たな申込みとみなすことができる（民法524条）。申込者がそれに対して承諾をすれば契約が成立することを意味する。

　承諾期間の定めのない申込みについては，相当な期間経過後には，申込者は申込みを撤回することができる。また，対話者間において，対話の継続中に申込者が承諾の通知を受けなかったときは，その申込みは効力を失う（民法525条3項）。

| コンピュータを利用した取引 |

現代においては，たとえば，スーパーマーケットが問屋から商品を買い入れる場合のように，事業者間の継続的な売買契約については，コンピュータシステムを用いた商品の受発注が広く行われている。また，消費者を相手方とする契約においても，事業者間と同じように，コンピュータシステムを利用した契約が広く行われるようになってきている。前述のような申込みと承諾によって契約が成立するという考え方からこのような取引をどのように説明できるかが論じられている。基本的には民法の考え方がそのままあてはまるといってよい。すなわち，申込みと承諾の合致によって契約が成立し，その成立時点は承諾の到達時点であるという枠組みのもとにおいて，コンピュータで交換される電子データのうちどれが申込みで，どれが承諾であるか，さらにその到達時点はいつであるかを法的観点から明らかにすることによって，契約の成否を判断することができる（このような契約のもたらす法的問題は，無権限者による取引などむしろほかの点にある）。

2 契約の効果

| 債権債務の発生 |

契約が成立すると，契約当事者間に債権債務関係が発生する。たとえば，売買契約においては，売主は目的物を買主に引き渡す債務を負い（すなわち，買主は売主に目的物の引渡しを請求する債権を有する），買主は売主に代金を支払う債務を負うことになる（すなわち，売主は買主に代金を請求する債権を有する）。また，建物の賃貸借契約においては，貸主は借主に建物を引き渡し，使用させる債務を負い

（借主は建物を使用する債権を有する），借主は貸主に賃料を支払う債務を負う（すなわち，貸主は借主に賃料を請求する債権を有する）。

　契約によって，当事者の負う債務の内容は異なるが，両当事者がそれぞれ相手方に対して債務を負う契約を双務契約という。売買契約・賃貸借契約はその例である。これに対して，一方の当事者だけが債務を負い，他方の当事者は債務を負わない契約を片務契約という。たとえば，贈与契約がその例である。贈与者は贈与の目的物を受贈者に引き渡す債務を負っているが，受贈者は目的物の引渡しを請求する債権を有するにとどまり，何らの債務も負っていない。

　また，契約の当事者の一方が契約によって利益を得る対価として何らかの出捐（しゅつえん）をする契約を有償契約という。たとえば，売買契約・賃貸借契約がその例である。買主は売買の目的物の所有権を取得する対価として，売主に代金を支払うのである。反対に，売主は金銭を取得する対価として，目的物の所有権を買主に与えるのである。これらの例のように，双務契約は有償契約でもある。これに対して，契約の当事者の一方が契約によって対価として何らの出捐をすることなしに，利益を得る契約を無償契約という。たとえば，贈与契約はその典型的な例である。すなわち，受贈者は贈与の目的物の所有権を無償で取得し，その対価として何らの出捐もしないのである。このように，無償契約は片務契約でもある。

要 物 契 約

　ところで，消費貸借契約（金銭のように代替性のある物の貸借であるが，借主は借りた物を消費し，それと同種同等の物を返還する契約）においては，契約当事者の一方（消費借主）が目的物を受け取ることによって

86　　第7章　契　　約

初めて契約が成立すると定められている（民法587条）。単なる合意だけでは契約は成立しないのである。

金銭消費貸借契約では，貸主の金銭を貸す意思と借主の金銭を借りる意思とが合致しても消費貸借契約は成立せず，借主は貸主に対して金銭の引渡しを請求できない。貸主と借主の合意に基づいて貸主から借主に金銭が交付されて初めて消費貸借契約が成立するのである。このような契約は，契約の目的物が授受されることが必要であるという意味において，要物契約と呼ばれる（ただし，民法587条の2によって，一定の要件のもとに諾成的な消費貸借も認められている）。

金銭消費貸借において，借主が利息を支払うことを約束している場合には（利息付消費貸借），借主が金銭を借りる対価として利息を支払うのであるから，有償契約である。しかし，契約が成立した時には，すでに金銭の授受が行われているのであるから，貸主は債務を負担せず，借主だけが期限の到来した時に借りた額に利息を加えて返還する債務を負っているのである。したがって，利息付消費貸借は片務契約である。このように，要物契約であることによって，例外的に，有償契約でありながら，片務契約であるという類型の契約が存在する。

3 双務契約における2つの債務の関係

すでに述べたように，1つの契約から契約当事者の双方にそれぞれ1つずつの債務が生ずる契約を双務契約という。たとえば，売買契約では，売主は買主に対して，目的物を給付する債務を負い，買主は売主に代金を支払う債務を負う。この2つの債務は

密接に関連している。すなわち，契約当事者のそれぞれは相手方が債務を負担するから，自分も債務を負担するという関係にある。売買契約についていえば，売主は買主が代金を支払ってくれるから，目的物の給付債務を負担するのであり，買主は売主が目的物を給付してくれるから代金を支払う債務を負うのである。このように，2つの債務は相互に対価関係にある（牽連関係ということばも用いられている）。そこで，公平の観点から，1つの債務について生じた事由が何らかの形でもう1つの債務に影響を与えるとされている。これまで，この密接な関係は，契約の成立上，履行上および存続上の3つの場面で具体的に表れていると解され，それぞれについて，以下のような分析がなされてきた。第1に，成立上の牽連関係というのは，2つの債務のうちの1つが初めから不可能であるときに（原始的不能と呼ばれる），もう1つの債務がどうなるかという問題である。第2に，履行上の牽連関係というのは，2つの債務が履行の場面でどのような関係にあるかという問題である。第3に，存続上の牽連関係というのは，2つの債務のうちの1つが契約成立後に履行不能になったときに（後発的不能と呼ばれる），もう1つの債務がどうなるかという問題である。

原始的不能

双務契約が成立した時点において，一方の債務の履行がすでに不可能であった場合に，他方の債務がどうなるかについては，一方の債務が初めから不能な債務であっても，契約は成立し，他方の債務も成立するとされている。この場合に，当事者間の衡平は，損害賠償あるいは契約解除などによってはかられるのである。

民法は，まず，「債務の履行が契約その他の債務の発生原因及び取引上の社会通念に照らして不能であるときは，債権者は，そ

88　第7章　契　約

の債務の履行を請求することができない」と規定している（民法412条の2第1項）。これは，原始的不能と後発的不能の双方に適用されるものである（なお，この規定は債権者には履行請求権があることを含意していると解されている）。

　そして，原始的不能の場合には，履行不能による損害賠償請求を妨げない（同条2項）。したがって，契約当事者の一方が不能の債務について損害賠償を請求するときは，自ら負っている他方の債務については，その履行義務を免れないことになる。また，この規定では，民法415条の損害賠償請求にのみ，言及しているが，民法542条1項1号により契約の解除も請求できると定められている。

| 同時履行の抗弁権 |

対価関係に立つ2つの債務の密接な関係は，それぞれの債務が他方の債務の原因（一方の債務が履行されるから他方の債務も履行されるという意味）となっている。そこで，原則としてその両者は同時に履行されるべきものと考えられている。すなわち，一方の債務者は，他方の債務（債務の履行に代わる損害賠償の債務も含む）が履行されるまでは，自分の債務の履行を拒絶できるとされている（民法533条）。たとえば，売買契約では，買主は売主が目的物を給付するまでは代金を支払わないと主張することができ，売主は買主が代金を支払うまでは目的物を給付しないと主張することができる。したがって，売主が買主に代金の支払いを請求するためには，自分の債務について同時に履行することが必要である（具体的には，「目的物の給付と引換えに代金を支払え」と請求することになる）。このような抗弁を同時履行の抗弁という。これによって，自分の債務は履行したが，相手方の債務を履行してもらえないという事態を

3 双務契約における2つの債務の関係　89

避けることができる。

　しかし，契約当事者間において，一方の債務が先に履行されることを合意している場合（たとえば，売主が先に目的物を給付し，買主が後からその代金を支払う合意がある場合）には，このような同時履行の抗弁権は存在しない。

_____
反対債務の履行拒絶　　　契約から生ずる債務が履行されない場合には，債務不履行に基づく損害賠償または契約の解除の問題となる。

　履行不能を理由とする解除については債務者の責めに帰すべき事由は不要である（民法542条）。また，債務が履行不能であるときに，履行請求はできない（民法412条の2第1項）。双務契約の一方の債務が当事者双方の責めに帰すことができない事由によって履行できなくなった場合には，債権者は，反対給付の履行を拒むことができる（民法536条1項）。そして，債権者の責めに帰すべき事由によって債務の履行ができなくなった場合には，債権者は，反対給付の履行を拒むことができない（同条2項）。

4 契約の履行 (債務の履行)

　契約が成立すると，その当事者間には，債権債務関係が発生し，債務を負う当事者は，その債務を履行しなければならないことになる。いいかえれば，契約当事者は契約に拘束されるのである。"Pacta sunt servanda"（契約は守られるべし）というラテン語の法格言はこのことを意味している。

_____
任意の履行　　　契約の当事者が自らの意思によってその債務を履行すれば，問題を生じない。ほ

90　第7章 契　約

とんどの契約では，当事者がその債務を任意に履行していると
いってよい。しかし，何らかの事情によって契約の当事者がその
債務を履行しないことが生ずる。そのような場合には，債権者は，
国家の力を借りて債権の内容を強制的に実現させることができる。
「履行の強制」あるいは「強制履行」と呼ばれ，その方法は直接強制，
代替執行，間接強制その他の方法であるが（民法414条），その具
体的な内容は民事執行法に定められている。そこで認められてい
る方法は，債務者の人格（他人から強制されない自由）を尊重しなが
ら，債権者の有する債権の実現（債権者の保護）をできるだけはか
ろうとするものである。したがって，後述するように，とくに前者
の配慮が大きい場合には，強制的実現が認められない場合がある。

直接強制　強制的な実現の方法は，債務の内容に
よって異なっている。物の給付を内容と
する「与える債務」については，直接強制の方法によるとされて
いる（民事執行法43条以下・168条以下）。すなわち，裁判所（ある
いは執行官）が債務者から目的物を取り上げて，債権者に引き渡
す方法である。たとえば，絵の売買において，売主が目的物を任
意に引き渡さない場合には，執行官が売主から目的物である絵を
取り上げて買主に引き渡すことになる。しかし，債務者がある行
為をすることを内容とする「為す債務」（あるいは「為さざる債務」）
については，このような直接強制の方法をとることができない。
そこで，その行為が代替的か非代替的かによって区別して，それ
ぞれ別の方法を定めている。

代替執行　まず，代替的である場合には，代替執行
によるとされている（民事執行法171条）。
すなわち，第三者にその行為をさせ（あるいは，「為さざる債務」

4　契約の履行（債務の履行）　91

に違反してなされたものを除去させ），その費用を債務者から取り立てる方法である。たとえば，塀の建設を請け負った建設会社がその債務を履行しない場合には，注文主は，他の建設業者に塀を建てさせて，その費用を建設会社から取り立てるのである。また，隣人と生け垣以外に塀を建てないという合意をしていたのに，隣人がブロック塀を建て，その除去請求に応じない場合には，第三者にその塀を除去させ，その費用を隣人から取り立てるのである。

間 接 強 制

しかし，代替性のない場合には，このような代替執行によることはできない。たとえば，有名な画家に肖像画を描くことを依頼したような場合には，その画家が肖像画を描くことに重要な意義があり，他人に代替させることはできない。そこで，このような非代替的な行為を内容とする債務については，間接強制の方法によるとされている（民事執行法172条）。

すなわち，一定の期日までに履行しないときには定められた額の損害賠償をすることを命ずることによって（たとえば，債務の履行までの間1日あたり○○円の支払いを命ずる），間接的に債務の履行を強制する方法である。また，法律行為を目的とする債務については（たとえば承諾する債務など），意思表示を命ずる裁判によって債務者の意思表示に代えることができる（民事執行法174条）。判決がなされた以上，あえて債務者に無理に意思表示をさせる必要がないということで認められるものであり，判決代用と呼ばれている。

以前は，直接強制によることができる場合には，代替執行あるいは間接強制によることはできず，また，代替執行によることができる場合には，間接強制によることはできないとされてきた。

92　第7章 契　約

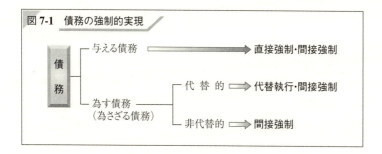

このような間接強制の補充性については批判があり，平成15年の担保・執行制度の改正により，直接強制あるいは代替執行の認められる場合にも，間接強制が利用できるようになった（民事執行法173条1項）。そこで，給付からみた債務の種類と強制的な実現方法との関係を図示すると図7-1のとおりである。

強制的実現のできない場合

なお，強制的な実現は，すべての債務について可能ではなく，例外的にこれらの方法のいずれも認められない債務も存在する。たとえば，夫婦間の同居義務（民法752条），離婚した夫婦間における未成年の子の引渡しなど，人間の自由な意思が尊重されなければならない場合には，強制的な方法をとることはできないと解されている。すなわち，これらの場合には，直接強制はもとより，間接強制によっても，債務の強制的実現をはかることはできない。

5 契約の不履行（債務不履行）

前述のように，契約によって債務を負う当事者がその債務を履行しない場合には，債権者である相手方はその履行を強制で

きるのであるが，必ずしもその強制的実現が可能でない場合も少なくない。たとえば，絵の売買において，売主が買主にその絵を引き渡す前に，売主の過失による火事によって絵が焼失してしまったような場合である。この場合には，引き渡すべき目的物がもはや存在せず，売主に履行する意思があっても，その履行は客観的に不可能になっている。また，債務者が債務を任意に履行しないので，債権者がその強制的実現を求める場合においても，債務の履行が遅れたことによって債権者が被った損害は回復されない。そこで，民法では，債務者は，債務不履行により債権者が被った損害の賠償をしなければならないと規定している（民法415条）。

履行不能

債務不履行には3つの態様のものが認められている。第1に，債務の履行がもはや不可能になった場合である（履行不能）。前述のような絵の売買において目的物が焼失した場合がその例である。ここで，不能というのは，社会的観点から不可能であると判断されれば足りるのであって，必ずしも物理的に不可能であることを意味するものでない。たとえば，絵の売買において，売主がその絵を引き渡す前に，第三者に売却してしまった場合や盗まれてしまった場合には，目的物は存在しているのであるから，売主がその絵を再度取得し，あるいは盗んだ者から回収して，債務を履行することは理論的に可能ではあるが，実現できる蓋然性は低い。このような場合には，もはや履行不能になったと判断されるのである。

履行遅滞

第2に，履行が可能であるにもかかわらず，履行期を過ぎている場合である（履行遅滞）。たとえば，3カ月後に弁済するという約束で金銭を借り入れた借主が3カ月を経過したのに弁済しないような場合である。

94 第7章 契 約

債務者がどの時点から履行遅滞に陥るかについては債務の履行期の定めと密接に関連している。まず，確定期限の定めがある場合，すなわち「2019年10月31日」あるいは「3カ月後」というように，履行期が暦の上で確定している場合には，到来するその日までに履行をしなければならず，その日が終了した時点（すなわち，翌日）から債務者は履行遅滞に陥ることになる（民法412条1項）。次に不確定期限の定めがある場合，すなわち「来月家から仕送りがあった時」というように，履行期（仕送りのあること）が到来することは確実であるが暦の上でその日を確定できない場合には，債務者がその不確定期限の到来した後に履行の請求を受けた時またはその期限が到来したことを知った時のいずれか早い時から履行遅滞に陥る（同条2項）。最後に，期限の定めがない場合には，債務者が履行の請求を受けた時点から履行遅滞に陥る（同条3項）。なお，返還の時期を定めていない消費貸借について，貸主が相当な期間を定めて催告をすることができる旨の特則がある（民法591条1項）。ただ，貸主が催告をしなければ，借主が履行遅滞に陥らないことを意味するかについては，見解が分かれている。

不完全履行　民法415条は履行不能および履行遅滞について規定しているが，学説および判例は，ドイツ民法学の影響を受けて，第3の態様の債務不履行を認めている。すなわち，一応債務の履行はなされているが，その履行が不完全である場合である（不完全履行）。たとえば，本の売買において，売主が買主に引き渡した本が落丁あるいは乱丁のある不完全なものであった場合である。あるいは，ひよこの売買において，売主が買主に引き渡したひよこが病気であったために，買主が前から飼っていた鶏にその病気が感染し，鶏が死亡した場合

である。これらの場合には，債務は履行されているが，完全な履行とは評価できず，債権者がその不完全な履行によって損害を被っているのであるから，履行不能および履行遅滞と同じように，債務者に損害賠償義務を負わせるべきであると考えられている。

| 帰責事由と違法性 |

債務不履行の事実が存在する場合に，債務者がそれだけで損害賠償義務を負うわけではない。債務不履行が契約その他の債務の発生原因および取引上の社会通念に照らして債務者の責めに帰することができない事由によるものであるときは，債務者は損害賠償責任を負わない（民法415条1項但書）。この規定は，債務者の免責事由を定めたものであり，債務不履行が債務者の責めに帰することができない事由によるものであることは，債務者が主張立証しなければならないことを明確にしたものである（なお，不法行為では，損害賠償を請求する被害者が加害者の故意・過失を主張立証しなければならないことと対比されている（第9章参照））。

「債務者の責めに帰することができない事由」が何かについては，条文では「契約その他の債務の発生原因及び取引上の社会通念に照らして」として，当事者間の合意の内容，合意に至る事情，取引の慣行などが重要な判断要素であることを示している。しかし，抽象的な表現であり，今後の判例・学説の展開に委ねられているといわざるをえない。

また，債務不履行に基づく損害賠償が認められるためには，帰責事由があることのほかに，債務不履行が違法であることも必要とされている。しかし，多くの場合に債務不履行は違法であり，とくに例外的に債務を履行しないことが違法でないことがあるにすぎない。たとえば，双務契約から生ずる2つの債務につい

ては，それらが対価関係にあるという密接な関連性から，前述の
ように同時履行の抗弁権が認められている（民法533条）。したがっ
て，債務不履行の事実が存在しても，債務者が同時履行の抗弁を
主張できるときには，債務不履行は違法性を欠くことになる。

損害賠償 債務者が債務不履行責任を負う場合には，
原則として，金銭による損害賠償をす
ることになるが（民法417条），賠償されるべき損害の範囲は民法
416条によって定められている。すなわち，債務不履行から通常
生ずべき損害（同条1項）および特別の事情によって生じた損害
であって当事者がその事情を予見すべきであったもの（同条2項）
である。

たとえば，絵の売買において，その絵が焼失したために履行不
能となった場合には，その絵が焼失したことが通常損害である（そ
の絵の価値を金銭で評価した額の金銭によって賠償がなされる）。こ
の例のように履行不能の場合などにおいては，損害賠償は履行に
代わる賠償（塡補賠償）である（民法415条2項）。あるいは，居住
用建物の売買において，その建物の引渡しが遅れたために，買主
がホテルに宿泊せざるをえなかった場合には，その費用は通常生
ずべき損害と考えられる。また，絵の売買において，買主がその
絵をより高い額で転売することを予定していた場合には，その転
売により得べかりし利益は，一般に，特別事情による損害と考え
られ，当事者が転売されることを知っていたか，知りえたときに，
その賠償が認められると考えられている。

なお，ドイツ法学の影響のもとに，賠償されるべき損害は，債
務不履行と相当因果関係のあるものであり，民法416条はその
範囲を定めた規定であると理解されてきた。このような考え方

5 契約の不履行（債務不履行）　97

は，自然の因果関係は無限に進展していくから，現実に生じた損害のすべてを賠償させるのではなく，妥当な範囲の損害だけを賠償させようという考え方に立って，その妥当な範囲にある損害を相当因果関係ということばで説明するものである（相当因果関係説と呼ばれる）。現在では，同条はフランス法の影響を受けたイギリスの判例理論に由来するものであり，ドイツ民法とはその内容が異なっているものと考えられている（ドイツでは発生したすべての損害を賠償しなければならないとする完全賠償の原則を前提として，債務不履行と損害との間の相当因果関係を基準として賠償されるべき損害の範囲を考えている）。

いずれにせよ，賠償されるべき損害の範囲は民法416条で定められているのであるから，このような学説の対立が具体的な解釈論において，どのような差異を生じさせるのか必ずしも明らかでない。

損害賠償額についてあらかじめ当事者間において合意がある場合には，その予定額が損害賠償額となる（民法420条1項）。ただし，予定額が不当に高額であるような場合に裁判所はその合意の効力を否定し，適正な損害賠償額を認定することができると解される。また，消費者契約において，消費者の支払うべき損害賠償額が事業者に生ずべき平均的な損害額を超えるときなどの場合には，損害賠償の額を予定する条項は，その超える部分について無効とされている（消費者契約法9条）。

| 契約の解除 | たとえば，買主の代金支払債務のように，契約から生ずる債務が履行されない場合 |

に，債権者である売主は債務の強制履行および損害賠償を請求できるだけでなく，売買契約を解除することができる。売主が売買

98　第7章　契　約

契約を解除すると，契約は遡及的に消滅し（初めから契約がなかったものとして扱われ），両当事者は契約によって取得したものを相手方に返還しなければならない（民法545条1項。原状回復義務と呼ばれる）。

このように，契約の解除というのは，契約の一方当事者が相手方の債務不履行を理由に，契約の効果を初めからなかったものとすることである。ただし，賃貸借契約のように継続的な契約においては，解除の効果は将来に向かってのみ生じ，遡及しないとされている（民法620条等。なお，解除権が法律で定められている場合など，債務不履行以外の原因によって契約が解除されることも例外的に存在する）。1つの契約によって，当事者の双方が債務を負う場合（双務契約）には，一方当事者は相手方の債務不履行を理由に契約を解除することによって，自分の債務を免れることができる。債務不履行を理由とする損害賠償の場合には，契約は存続しており，自分の債務は履行しなければならないから，自分の債務を免れるためには，契約を解除する方がよいということになる。もっとも，契約の解除によって原状回復がなされる場合にも，原状回復によっては回復されない損害があれば，その賠償を請求することができる（民法545条4項）。

解除を請求するためには，まず，債務不履行（履行遅滞，履行不能または不完全履行）の事実が存在することが必要とされ，債務不履行の重大性が要件とされている（軽微な場合には解除できないと規定している）。帰責事由は不要である。そして，民法は，履行遅滞の場合と履行不能の場合とで異なった手続を定めている。

契約当事者の一方がその債務の履行を遅滞している場合には，相手方は，相当の期間を定めて催告をし，その期間内に履行がな

5 契約の不履行（債務不履行） 99

図 7-2　債務不履行の効果

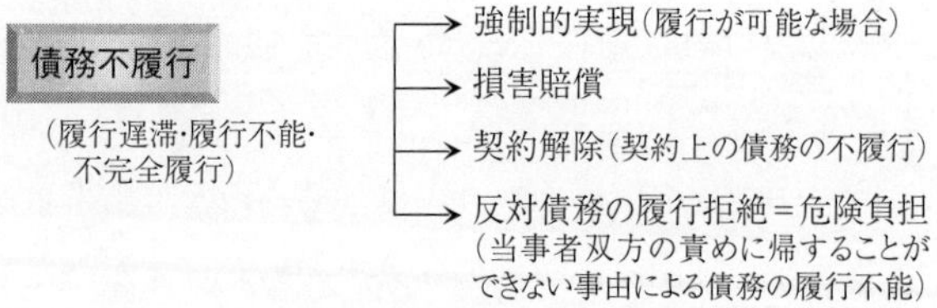

債務不履行 （履行遅滞・履行不能・ 不完全履行）	→ 強制的実現（履行が可能な場合） → 損害賠償 → 契約解除（契約上の債務の不履行） → 反対債務の履行拒絶＝危険負担 （当事者双方の責めに帰することが できない事由による債務の履行不能）

されないときには，契約を解除することができる。ただし，その期間が経過した時における債務の不履行がその契約および取引上の社会通念に照らして軽微であるときは，解除することができない（民法541条）。解除の前提として催告しなければならないのは，債務を履行していない当事者にもう一度履行の機会を与える趣旨である。

これに対して，契約当事者の一方の債務が履行不能に陥っている場合には，相手方は，催告をすることなく，直ちに解除をすることができる（民法542条1項1号）。債務の履行がもはや不可能であるから，催告を要しないのは当然のことといえよう。

<u>債務不履行の効果</u>　これまで述べてきたところをまとめると，債務不履行が生じた場合に，債権者がどのような救済を受けられるかについては，**図7-2**のとおりになる。

隔地者間における契約の成立

●設例についての考え方

AがBに対して甲土地を売りたいという意思表示は申込みにあたり，それを買いたいというBの返事（意思表示）は承諾である。

100　第7章　契　約

設例では，Aの申込みについて，承諾をなすべき期間についての記述がないので，承諾をなすべき期間についての定めがないものであって，Aは，相当な期間を経過した後でなければ，申込みを撤回できないと考えられる。Aは，Bに対して，申込みの撤回をしていない。したがって，Bの承諾の通知がAに到達した時点で売買契約は成立している。なお，その通知がAに到達する前にAはすでに甲土地をCに売却していたのであるが，AとCとの間に売買契約があったことは，AとBとの間の売買契約の成立について妨げとなるものではない。

　しかし，AがCとの間の契約を履行し，甲土地についてC名義に移転登記をしてしまえば，AとBとの間の契約上のAの債務は履行不能になったものと判断され，AはBに対して債務不履行責任を負うことになる（なお，このように1つの財産が二重に譲渡された場合の問題については，第14章参照）。

◇ハムラビ法典

　パリのルーブル美術館のメソポタミアの美術品を陳列してある部屋にはいると，高さ2.25メートルの大きな黒い玄武岩の石碑が目にはいる。これが有名なハムラビ法典を刻んだ石碑である。ハムラビは紀元前18世紀のバビロニアの王であり，アッシリアとバビロニアにわたる統一国家を建設したが，晩年ハムラビ法典を制定した。

　この石碑は，20世紀の初めにペルシャのスーサで発見された。もともと，北部バビロニアのシッパルにある神殿に建てられていたが，戦利品としてスーサに運ばれていたものである。石碑の上部には，正義の太陽神シャマーシュからハムラビ王が法典を授かっている図が描かれている。ハムラビ法典は，アッカード語により刻まれていて，前文，282条の条文および後文からなっている（一部破損して失われている）。発見後，長い間世界最古の成文法と考えられてきたが，その後，それよりも古い法典が知られるようになっている。

　ハムラビ法典には，犯罪・財産・貿易・商業・農業などに関する条文が含まれているが，家族に関する条文がかなり多い。婚姻・離婚・相続などに関する規定である。たとえば，婚姻は売買契約の方式に従ってなされることが規定されている。すなわち，花婿は花嫁の父に花嫁代を支払うものとされていた。また，人の目を取った者はその目を取られ，人の骨を折った者はその骨を折られるという同害報復刑についての条文があるが，キリスト教の聖書でも主のモーセに対することばとして，「目には目を，歯には歯を」という表現が用いられ，後世に伝えられることとなった（旧約聖書レビ記24章20節）。

第 8 章

所 有 権

1 物権の種類
2 所有権——動産・不動産
3 所有権の取得
4 物権的請求権
🔖 妨害予防請求権と費用負担
　　—設例についての考え方

Aの土地・家屋は，Bの土地の崖下に位置しているが，Bの土地が崩れかかっていて，Aの家が土砂の下敷きになるおそれがある。このような場合に，AはBに対してどのような請求ができるか。

1 物権の種類

　物権は，一般に物を直接に支配する権利であると定義されており，これに対して，債権は人に対して行為を請求する権利であると定義されている。そして，物権は，誰に対しても主張しうるという絶対性を有し，債権に比較すると，より強力な権利であるとされている（第3章参照）。

所有権とその他の物権

　このように，物権は絶対性（さらに排他性）を有していて，他人に対して大きな影響を与えるので，当事者間の合意によって勝手に作り出すことはできず，民法その他の法律の定めるものに限られているのである（民法175条。物権法定主義と呼ばれる）。民法では**図8-1**に示すような物権が規定されている（民法以外の法律で定められている物権も基本的には民法に掲げる物権の類型に含まれる）。

　所有権は，物権の中でも，最も完全なものと考えられている。そして，それ以外の物権のうち，占有権を除くものは，所有権を制限するものとしてとらえられている（制限物権）。すなわち，所有権の内容は，対象となる物を自由に使用・収益・処分することであるとされている（民法206条）。所有権および占有権以外の物権は，これらの権能の一部分をその内容としている。たとえば，

104　第8章 所 有 権

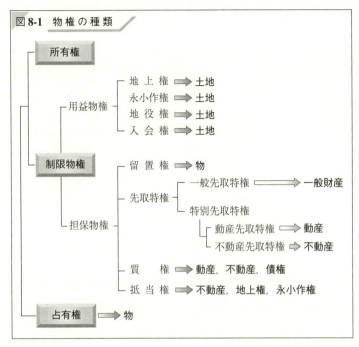

地上権あるいは永小作権は、その対象となる土地の使用収益権を内容としているが、これらの権利者には処分の権能はない。処分権は所有権者が保持しているのである。しかし、地上権者あるいは永小作権者が使用収益権を有していることは、結局所有権者の使用収益権が制限されていることになる。

占　有　　占有というのは、物を事実上支配している状態をいうが（通常は、ある物を所持している状態であるが、それよりは広い概念である）、民法は、それを占有権として一定の保護を与えているのである。したがって、通常、所有者が目的物を占有しているのであるが、それ以外の物権の権利者（たとえば、地上権者・永小作権者・留置権者・質権者）も

占有している。

多くの場合，占有者本人が物を直接に把握することによって所持しているのであるが，本人に対して従属関係にある者（たとえば，被用者）が物を直接に把握することを通じて所持している場合もある（従属関係にある者は占有補助者と呼ばれる）。

また，占有者自身がその目的物を所持していなくても，他人に物を所持させることによっても占有は成立する（民法181条）。たとえば，他人に物を賃貸している者（賃貸人＝所有者）は，賃借人による物の所持を通じて占有しているものとされる。民法では，このような場合を代理占有と呼んでいる。

用益物権と担保物権

制限物権は，用益物権と担保物権に大別される。用益物権というのは，他人の物を使用，収益することを内容とする物権である。具体的には，他人の土地上に工作物または竹木を所有することを内容とする地上権，他人の土地を牧畜あるいは耕作に利用することを内容とする永小作権，他人の土地を自己の土地の便益のために利用することを内容とする地役権，自分が共有する土地または他人の所有する土地を利用することを内容とする入会権，の4つがある。

担保物権というのは，債権を担保するために債務者または第三者の所有する物の価値を把握する権利である。いいかえれば，債務が履行されない場合に（金を借りた者が借りた金を返さない場合がその典型である），定められた手続によってその物を売却し，その代金を債務の弁済として担保権者が優先的に取得できることである。具体的には，債務者が債務を弁済するまで債務者の所有する物を留置できることを内容とする留置権，特定の債権の債権者が債務者の一般財産（財産全部の意味）または特定の物から優先

106　第8章　所有権

的に弁済を得られることを内容とする先取特権，債権者が債務者または第三者の提供した不動産から優先的に弁済を得られることを内容とする抵当権，債権者が債務者または第三者から質物として受け取った物を債務が弁済されるまで留置することができ，その物から優先的に弁済を得られることを内容とする質権，の4つがある（担保物権については，第11章参照）。

2 所有権——動産・不動産

前述のように，物権の中でも最も完全なものは所有権であると考えられてきた。そして，歴史的には，所有権の中でも，動産所有権よりも不動産所有権の方がより重要であると考えられてきた。西洋の法格言には，"res mobilis res vilis"（動産は悪い物）というものがあるが，それはこのような価値観を表したものである。民法でも，動産と不動産を区別して扱っている規定は少なくない。

物

民法は，まず物というのは有体物をいうと定義している（民法85条）。有体物というのは，体積のある物を意味し，固体，気体または液体のいずれであってもよい。したがって，われわれの生活の範囲内にあって，財産的な価値のある物はほとんどこの定義にあてはまるといってよい。しかし，電気，熱などのエネルギーについては，経済的な価値はあるが，この定義にあてはまらないことになる。学説では，このようなものも物の中に含めて考えようとするものがみられる。

犯罪とそれに対する刑罰があらかじめ法律によって定められていなければならないとする罪刑法定主義をとる刑法において

は，窃盗罪などにおける物の定義を厳密にする必要があるが（刑法245条は，電気を財物とみなしている），民法では，そこまで厳格に解釈する必要はない。電気・熱などに関して法的な問題が生じた場合に，それを物と同じように扱うのが妥当であるかどうかを検討すればよいのである。

| 動産と不動産 |

次に，物を動産と不動産に2分している（民法86条）。不動産というのは土地およびその定着物であり，動産はそれ以外の物である。土地の定着物というのは，かなり広い概念で，自然の形状に基づいて土地に付着した物と解されている。具体的には，建物など土地上の工作物や樹木などが定着物に含まれる。日本民法に影響を与えたフランス民法では，耕作用の道具（鋤・鍬等），家畜（牛・豚・羊・鶏等）など本来は動産である物を不動産としているが，日本の民法の不動産概念はこれに比較すると極めて単純である。

なお，日本では，土地と建物を別個の不動産としており，それぞれが独立して権利の対象となる。たとえば，土地の所有者と建物の所有者が異なるということは少なくない（他人の土地を借りてその土地の上に建物を建てて住むということが広く行われている）。多くの外国の立法例では，土地と建物は一体として扱われていて，土地の所有者と建物の所有者とが異なるということ（たとえば，借地制度）はあまりみられないところである。このような日本の土地と建物の取扱いは，日本の慣行によったものであるが，土地と建物が異なる所有者に属するために，諸外国にはみられない複雑な問題が生ずる場合も少なくない。

| 所有者不明の土地 |

平成23年に発生した東日本大震災後の復旧・復興事業を実施する過程で，土地

の所有者が不明であるために用地の取得が進まないことから，所有者不明の土地の問題が広く認識されるようになった。所有権登記の名義人が死亡し，相続が開始したにもかかわらず，相続登記がなされないまま長期間が経過している場合が3分の2を占めているということである。所有者不明の土地があることによって，土地の利活用が困難になること，民間の土地取引が阻害されること，防災等の公共事業のための用地取得が困難になることなどの弊害が指摘されている。このような状況を踏まえて，令和3年に民法・不動産登記法の改正が行われるとともに，相続等により取得した土地所有権の国庫への帰属に関する法律（令和3年法律25号）が制定された。民法の改正は，共有者が不明である場合の取扱い（不動産の共有解消，共有物の管理・使用），相続開始から長期間経過した後の遺産分割の円滑化，所有者不明の土地・建物の管理制度の新設，隣地等の円滑・適正な使用など，多岐にわたっている。また，不動産登記法の改正は，相続登記の義務化などに関わるものである。そして，新たに制定された相続等により取得した土地所有権の国庫への帰属に関する法律は，相続等により取得した土地を国庫に帰属させる仕組みを整備するものである。

3 所有権の取得

契約による取得・相続による取得

ある人がある物の所有権を取得するにはいろいろな場合がある。最も代表的な方法は，売買・贈与などの契約によって物の所有権を取得することである。たとえば，われわれが日常生活でデパートなどの商店で物を買うということは，売買契約によっ

てその物の所有権を取得することである。また，誕生日などに家族や友人から物をプレゼントされるということは，贈与契約によってその物の所有権を取得することである。

　次に，相続によって物の所有権を取得することが考えられる。たとえば，父親が死亡して，その子が相続するということは，相続によって子が父の所有していた財産の所有権を取得することである。

その他の方法による取得　これらの方法は日常最もよくみられる所有権取得の方法であるが，所有権を取得するのは契約あるいは相続に限られない。民法では，これらの他にもいくつかの所有権取得原因を規定している。たとえば，取得時効である。取得時効というのは，所有者でない者が他人の物を一定期間所有者のように占有すると，その物の所有権を取得することである（民法162条。第6章参照）。また，所有者のいない動産については（たとえば，野生の動物），その動産を最初に占有した者がその所有権を取得する（民法239条1項）。また，遺失物の拾得者は，一定の手続をとることによって（その手続は遺失物法に規定されている），その物の所有権を取得することができる（民法240条）。

対抗要件　売買契約や相続によって物の所有権を取得した者（より一般的には物権を取得した者）は，その所有権（物権）を他のすべての者に主張することができるのであるが（物権の絶対性），そのためには，一定の要件をみたしていることが必要である。

　売買契約などによって所有権が移転する場合（より一般的には，物権の変動する場合）には，その当事者間においては所有権を移

転する（物権を変動する）旨の意思表示によって所有権移転（物権変動）の効力が生ずる（民法176条）。たとえば，売買契約においては，通常売買契約そのものにその意思表示が含まれていると考えられていて，売買契約の成立と同時に目的物の所有権が売主から買主に移転すると解されている。しかし，所有権を取得した者がその所有権を第三者に主張するためには，当事者間の意思表示だけでは不十分であり，不動産の場合には登記，動産の場合には引渡しが必要とされる（民法177条・178条）。物権には絶対性があり，第三者に与える影響が大きいので，当事者間の意思表示だけでなく，外部から見て物権の変動したことが判るようなこと（公示方法と呼ばれる）を要求したのである。いいかえれば，所有権を取得したことを第三者に主張（対抗）するためには，登記・引渡しが必要である（そこで，対抗要件と呼ばれる）。したがって，当事者間では所有権が移転していても，対抗要件を備えるまでは，第三者に対しては所有権者であることを主張できないことになる（もっとも，第三者の方から所有権者であることを認めることはできる）。

　なお，所有権の移転と対抗要件に関するこのような構成はフランス法に由来するものである。ドイツ法やスイス法では，このような考え方をとっていない。すなわち，所有権は意思表示だけでなく，登記・引渡しによって移転するとされている。この場合には，当事者間と対第三者とで前述のようなずれを生じない。

　なお，動産の譲渡において，譲渡人が法人である場合には，動産譲渡登記ファイルに譲渡の登記がされると民法178条の引渡しがあったものとみなされる（動産及び債権の譲渡の対抗要件に関する民法の特例等に関する法律3条1項）。すなわち，動産についても，

3　所得権の取得　　111

一定の場合に，登記が対抗要件となることが認められている。

　ところで，対抗要件をめぐっては，すべての物権変動について，登記・引渡しが必要か（言い換えれば，特定の物権変動については，登記・引渡しがなくても対抗できる場合があるか），すべての第三者に対して，登記・引渡しが必要か（言い換えれば，特定の第三者に対しては，登記・引渡しがなくても対抗できる場合があるか）が，論じられていて，学説・判例により法理が形成されている。たとえば，前者については，取消・解除と登記，取得時効と登記，相続と登記など，後者については，背信的悪意者などの問題である。

4 物権的請求権

物権的請求権の意義

すでに述べたように，物権には排他性があり（第3章参照），その権利行使（たとえば，所有権であればその使用収益権を行使すること）が妨げられている場合には，物権の権利者はその妨害を排除することができる。このような権利を物権的請求権と呼んでいる。これは物権に付随するものであって，物権を有する権利者は常に物権的請求権を行使できる。民法では，占有について3つの占有訴権の規定を置いているが（民法198条～200条），すべての物権に共通するような物権的請求権の規定を置いていない。しかし，物権的請求権が認められることについては当然のこととされている。物権の行使が妨げられているという客観的な状態があれば，妨害者に故意・過失があるかを問題とすることなく，物権的請求権を行使できると解されている。また，行使の相手方となるのは，現に物権の行使を妨げている者であって，その者自身が妨害している状態を作り

出したことは必要でないと解されている。具体的には，返還請求権・妨害排除請求権・妨害予防請求権の3つが考えられている。

返還請求権・妨害排除請求権・妨害予防請求権

　　　　　返還請求権というのは，物権が他人によって奪われている場合に，その侵奪者に対して物権の返還を請求する権利である。たとえば，物を盗まれた所有者がその物を占有している者（盗んだ者に限らない）に対してその物の返還を請求することである。

　妨害排除請求権というのは，物権の行使が他人によって妨げられている場合に，その妨害をしている者に対してその妨害の排除を請求する権利である。たとえば，隣地の樹木がはみ出していて，所有する土地の利用が妨げられている場合に，その所有者が隣地の所有者に樹木の排除を請求することである。

　妨害予防請求権というのは，物権の行使が現在は妨げられていないが，妨げられる危険がある場合に，その妨害が生じないような予防を請求する権利である。たとえば，設例にあげたような場合である。この場合には，Aは，Bに対して，崖が崩れないような予防措置を講ずることを請求することができる。

妨害予防請求権と費用負担

●設例についての考え方

　設例は，物権的請求権に関する典型的な事例である。この場合には，Aの土地の所有権の行使（家の敷地として使用することなど）がBの土地が崩れることによって妨げられる危険にさらされている。すなわち，現在においては，所有権の行使が妨げられてはいないが，将来それが妨げられる危険が生じているのである。そこ

で，Aは，所有権に基づく妨害予防請求権を行使し，その危険を生じさせている土地の所有者であるBに対して，Bの土地が崩れないような工事をすることを請求できる。この場合に，土砂崩れの危険が生じたことについて，Bに故意・過失のあったことを必要としない（故意・過失ということばは，いろいろなところで用いられていて，具体的には必ずしも完全に同じ意味ではないが，ここでは，不法行為における故意・過失とほぼ同じに考えてよい。第9章参照）。妨害の原因となるその土地を所有しているということによる客観的な責任である。

ところで，土砂崩れの工事費用は誰が負担するのかが問題となる。伝統的には，物権的請求権の相手方がそのための費用を負担するものと考えられてきた。設例についていえば，Bが土砂崩れの防止工事の費用を負担することになる。しかし，物権の行使を妨げている者に必ずしも故意・過失のあることを必要としていないために，無過失の者が費用を負担させられることが公平に合致するかという疑問が出され，物権的請求権の行使とその費用負担との関係について議論されるようになった。たとえば，物権的請求権を行使する者がその費用を負担するという考え方（伝統的な考え方を行為請求権説というのに対して，このような考え方を忍容請求権説という），費用負担については物権的請求権の行使と切り離して考えるべきであるとする考え方（たとえば，契約責任・不法行為責任などによって相手方が費用を負担するかどうかを定める等）などが主張されていて，必ずしも学説は一致していない。

なお，判例では，Aの土地とBの土地との高低の関係がAの土地の所有者（Aより前に所有していた者を含めて）によって人為的に作られたような場合については，設例について述べたところと

114　第8章 所 有 権

反対に，その費用はAが負担すべきであると解されている（大判昭和7・11・9民集11巻2277頁）。Aの土地を掘り下げて崖を作ったことによって，Bの土地がAの土地の上に崩れる危険，すなわちBの土地の所有権行使が妨げられる危険が生じたのであるから，BがAに対して妨害予防請求権を行使するものと考えられているのであろう。

妨害予防請求権と費用負担　　115

◇ローマ法とユスティニアヌス法典

　ローマ法は，ゲルマン法およびキリスト教会法とならんでドイツ
やフランスなどヨーロッパ大陸諸国の法の源となっている。ローマ
法といっても，歴史的に多くの段階を経たものであって，さまざま
なものを含んでいるが，中でも6世紀に編纂されたユスティニアヌ
ス法典は，後にローマ法大全（Corpus Iuris Civilis）とも呼ばれ，各
国の法制や法学分野に多大な影響を与えたため，今日でも基礎的な
研究史料とされている。ユスティニアヌス法典は，それまでの勅法
や学説を集大成したもので，学説彙纂（Pandectae または Digesta），
法学提要（Institutiones），勅法集（Codex）および新勅法（Novellae）
の4つから成っている（当時においては，学説や法学提要も法規範と
して考えられていた。なお，これらの内容の一部は今日に伝わってい
ない）。

　イタリアの南にアマルフィという町がある。古くから商業と大学
（医学）で有名なサレルノとナポリ湾に面しカプリ島への船の出るソ
レントとの間にあり，現在では，美しい海岸線に恵まれた観光地で
ある。歴史的には，南イタリアとビザンチン（東ローマ）帝国との
間の交易地として6世紀から栄えていたところで，優れた海法を有
していたといわれている。

　学説彙纂の写本は，12世紀にピサ人がアマルフィを占領したとき
に発見したといわれている（もっとも，フランスの著名なローマ法学
者は，この説は疑わしいとし，イタリアにおけるビザンチン文化の中
心であったラヴェンナからもたらされたと推測している）。その後，15
世紀初めに，この写本はフィレンツェに移され，フィレンツェ法典
と呼ばれ，最も優れた写本の一つと考えられている。

　イタリアの北にあるボローニャでは，学説彙纂の別の写本の研究
が行われたが，そこにおける研究・教育の組織が大学の起源と考え
られており（11，12世紀頃），ヨーロッパの他の大学に大きな影響
を与えた。このように，法学という学問は，ローマ法（とくにユスティ
ニアヌス法典）の研究から始まったのである。

　ユスティニアヌス法典については，英語・フランス語・ドイツ語
による翻訳が行われており（ラテン語と対訳になっている），ラテン

116

語を知らなくても法典の内容を知ることができる。

　なお，ローマ法がヨーロッパ法の基礎をなしたといっても，中世
ヨーロッパにおいては，必ずしもユスティニアヌス法典のような，
精緻なローマ法が維持されていたわけではなかった。6世紀初めに
編纂されたアラリックの簡単書と呼ばれる簡約版がローマ法の重要
な法源（法規範の源）となっていたことも知られている。

第 9 章

不法行為

1 不法行為
　① 不法行為の意義
　② 不法行為法の機能
　③ 不法行為と保険
　④ 不法行為の要件
　⑤ 不法行為の類型（一般的不法行為と特殊
　　　的不法行為）

2 損害賠償

✐ 自動車事故による不法行為責任
　　—設例についての考え方

Aタクシー会社の運転手であるBは，タクシーを運転し
ているときに，道路を横断中のCをはね，Cにけがをさせ
た。Cは，BおよびA会社に対して，治療費の請求ができ
るか。

1 不法行為

① 不法行為の意義

契約以外の原因による
債権債務関係

　すでに述べたように契約というのは，法
的効果を発生させる合意である。見方を
変えると，契約が成立すると，その当事
者間に債権債務関係が発生するのである。たとえば，売買契約で
は，売主は買主に対して代金を請求する債権を取得するが，目的
物を引き渡す債務を負う。反対に，買主は売主に対して目的物の
引渡しを請求する債権を取得するが，代金を支払う債務を負う。

　このように，契約は債権債務関係を発生させるのであるが，債
権債務関係の発生原因は契約に限らない。民法は，債権の発生原
因として，契約と並んで事務管理，不当利得および不法行為をあ
げている。すなわち，契約以外のこれらの原因によっても債権債
務関係が発生するのである。

不法行為の意義

　不法行為というのは，ある者（加害者）
が他の者（被害者）に対して故意・過失
によって違法に損害を与えることを意味する。不法行為が生ずる
と，被害者は，加害者に対して，自己の被った損害の賠償を請求
することができる（民法709条）。すなわち，被害者は加害者に対

120　　第9章　不法行為

して損害賠償債権を取得することになる。見方を変えると，加害者は，被害者に対して，その被った損害を賠償しなければならない。すなわち，加害者は被害者に対して損害賠償債務を負担することになる。このように，不法行為によって，被害者と加害者との間には，債権債務関係が生ずるのである。

② 不法行為法の機能

不法行為による損害賠償制度は，社会においてどのような機能を果たしているのであろうか。一般に，3つのことが指摘されている。

損害の回復

第1に，不法行為制度によって，被害者の被った損害が回復されることである。不法行為制度は，損害を与えた加害者と損害を被った被害者との間において，生じた損害を加害者に負担させるものである。通常は，加害者の行為が損害発生の原因となっているのであるから，加害者にその賠償義務を負わせることは当事者間の公平に合致するものといえよう。

加害者に対する制裁

第2に，不法行為制度は，加害者に対する制裁としての意味も有している。古い時代にあっては，民事法と刑事法は必ずしも明確に分離されていなかった。メソポタミアのハムラビ法典やローマの十二表法には，「目には目を，歯には歯を」という規範が存在していた。このような規範（タリオと呼ばれる）は，被害者が被った損害と同じ損害を加害者に与えることによって，正義が行われるとするものである（これによって復讐の程度も制約されることになる）。これは，悪いことをした者に対する制裁（刑罰）としての意味をもつ

1 不法行為 121

ものであると同時に，被害者に満足を得させるもの（損害の回復）でもある。時代を経て，民事法と刑事法が分離するようになっても，損害賠償がもつ加害者に対する制裁としての意味は依然として残っている。アメリカでは，被害者が現実に被った損害を超える賠償義務を加害者に負わせることがあるが（懲罰的損害賠償と呼ばれる），そこでは，不法行為の制裁的機能が顕著に表れている。

損害の防止

第3に，不法行為制度には，損害の防止機能があるとされている。すなわち，故意・過失によって他人に損害を与えた加害者は被害者の被った損害を賠償する義務を負うことになるので，そのような損害賠償義務を負わないために，一般に，その行為に関して，損害を発生させないように十分注意することになるであろう（後に述べるように民法の過失責任主義のもとでは，故意・過失がなければ加害者は損害賠償義務を負わない）。その結果，損害が防止されることになるのである。

③ 不法行為と保険

保険制度による賠償

ところで，損害の回復すなわち被害者の救済が不法行為制度の重要な機能であることについてはすでに述べたとおりである。しかし，加害者に損害賠償義務を負わせても，実際に加害者が被害者に損害賠償をしなければ，被害者は救済されたことにはならない。また，たとえ，加害者に損害賠償をする意思があっても，加害者に賠償する資力がなければ，同じことである。結局，被害者に確実に損害賠償を得させることが重要であるといわなければならない。その方法として最も重要なものが保険制度である。

122　第9章　不法行為

自動車による交通事故のように，加害者になりうる者が保険会社に保険料を支払い，万一事故を起こして，他人に損害を与えた場合には，加害者が被害者に支払うべき損害賠償を保険会社が塡補するものである。すべての自動車の所有者・運転者が事故を起こすわけではないから，あらかじめ支払う保険料は保険会社が支払う保険金に比較して極めて少額のものとなる。

保険制度の問題点と方策

　このように，保険制度は，被害者を救済するものとして優れた制度であるが，まったく問題がないわけではない。すなわち，保険によって塡補されることで，不法行為に基づく損害賠償制度の有する事故防止機能が弱まるのではないかというおそれである。すなわち，事故を起こしても保険会社が支払ってくれると安心して，事故を起こさないように注意を払うことを怠るのではないかということである。

　この点については，たとえば，一定期間無事故であれば，その後の保険料が減額され，反対に，事故を起こすと，その後の保険料が増額されるような方法によって，このような保険制度の有する欠点をなくす方策がとられている。

　なお，加害者に損害賠償の資力を与えることを目的としたこのような保険は加害者となる可能性のある者が保険契約を締結するものであるが（賠償責任保険と呼ばれる），そのほかに，被害者となる可能性のある者が加入する保険も存在する。すなわち，万一損害を被った場合に，その被害者が加入している保険から保険金の支払いを受けるものである。

　不法行為制度においては，前者のような形態の保険の方がより重要であるが，次に述べる要件が欠けているために，加害者に損

1 不法行為 123

害賠償義務がない場合には，後者のような保険が被害者の救済にとって重要な役割を果たすことになる。

④ 不法行為の要件

　不法行為に基づいて，被害者が加害者に対して損害賠償を請求するためには，次のような要件がみたされていることが必要である（民法709条）。まず第1に，加害者に故意・過失があったことである。第2に，加害者の故意・過失（ある行為）と被害者の損害との間に因果関係があることである。第3に，加害者に責任能力があることである。第4に，加害者の行為が違法であることである。これらの4つの要件がみたされると，不法行為が成立し，加害者が被害者に損害賠償義務を負う。

　　故意・過失　　　　ここで，故意というのは，自分の行為が他人に損害を与えることを認識しながら，あえてそのような行為を行うことである。また，過失というのは，法律上要求される注意義務を怠ることである。あるいは，他人に損害を与えることを予見することが可能であったにもかかわらず，予見しなかったことである。

　このような故意・過失が加害者になければ，加害者の行為によって被害者が損害を被ったとしても，加害者には損害賠償義務はない。したがって，被害者は被った損害を自ら負担せざるをえない。

　このように，加害者の故意・過失を不法行為の中心的な要件としていることは過失責任主義と呼ばれているが，過失責任主義が，個人の自由な意思を尊重するという意味において，私的自治の原則に適合するものであり，民法の基本的な原理の一つであることについてはすでに述べた（第2章参照）。このような過失責任主義

124　第9章　不法行為

の考え方は，フランスで民法が制定された19世紀の社会においては，十分に合理性のある考え方であった。すなわち，人が社会において活動する場合に，他人に損害を与えないように注意をしていれば，万一他人に損害を与える結果を生じさせても，過失がないとして，その損害賠償義務を負わないのであるから，その活動範囲を安心して，広げることができる。

しかし，科学技術の進歩や産業の発達によって，一方では，自動車など他人に重大な損害を与える危険性のある物が大量に生産されるようになり，他方では大きな工場のように広い範囲に損害を与える可能性のある状況が生じてきた。そこで，過失責任主義では被害者が救済されない場合がでてくるようになり，過失責任主義に対して，疑問が提示されるようになった。そして，加害者の故意・過失を問題とすることなく，加害者が社会に大きな危険を生じさせていることあるいはそのような危険を伴う行動によって大きな利益を得ていることを根拠として，加害者に損害賠償責任を負わせようとする考え方がでてきた。前者を危険責任，後者を報償責任と呼んでいる。

大気汚染防止法・水質汚濁防止法などにおいては，汚染者に無過失損害賠償責任を負わせているが，それはこのような考え方に従ったものである。

| 因 果 関 係 |

因果関係というのは，加害者の故意・過失（ある行為）と被害者の損害発生との間に原因と結果の関係が存在することである。

加害者が被害者に損害を与えたというためには，因果関係が存在しなければならないのは，当然のことであろう。たとえば，自動車を運転している者が信号を見落したために，横断歩道を渡っ

1　不法行為　125

ていた歩行者をはねて，けがをさせたような場合には，運転者の
過失と歩行者のけがとの間に因果関係のあることについてはあま
り疑問がないであろう。しかし，因果関係が必ずしも明瞭でない
場合もある。たとえば，工場の排出するガスによって大気が汚染
されている場合に，そこに居住している住民のぜん息と工場の排
出ガスとの間に因果関係が存在するかどうかは難しい問題である。
なぜなら，大気汚染のない環境でもぜん息患者は存在しうるから
である。公害に関する裁判例では，因果関係の存否が問題となる
ことが少なくないが，因果関係を容易に認める考え方をとった判
決もみられる。

責任能力というのは，加害者が自己の行
為について十分な判断能力を有すること
である。このことは，民法709条に明示的には定められてはいな
い。しかし，故意・過失を不法行為の成立要件としていることは，
自己の行為について加害者が判断能力を有していることを当然の
前提としているといってよい。また，民法712条および713条は，
未成年者および精神上の障害により責任弁識能力を欠く者が不法
行為責任を負わない旨を規定している。これらの条文を反対に解
釈すれば，加害者が損害賠償義務を負うためには，加害者に責任
能力があることが必要であるということになる。

民法709条は，権利が侵害された場合に，
不法行為になるとしている。そこでは，
所有権・地上権・賃借権などのように「何々権」という名称で呼
ばれる権利が侵害された場合を想定している。そこで，民法が制
定された当初においては，「何々権」と呼ばれる権利が侵害され
た場合に，被害者は，加害者に不法行為に基づく損害賠償を請求

126　　第9章　不法行為

できるが，被害者が被った損害が「何々権」の侵害ではなく，単に何らかの利益の侵害でしかない場合には，被害者は，加害者に損害賠償請求はできないと解されていた。たとえば，浪曲レコードが違法に複製された場合に，浪曲は即興的に演じられるものであって，著作権の対象とならないから，レコードが違法に複製されても，損害賠償請求できないとされた。その後，明確な権利でなくても，法的に保護するに値する利益が違法に侵害された場合には，被害者は加害者に損害の賠償を請求できるとされるようになった（大判大正3・7・4刑録20輯1360頁，大判大正14・11・28民集4巻670頁）。このような判例の展開は「権利侵害から違法性へ」ということばで表現されていたが，平成16年の改正で，法律上保護される利益が侵害された場合にも不法行為になることが明記された。

5 不法行為の類型（一般的不法行為と特殊的不法行為）

一般的不法行為と特殊的不法行為

民法は，不法行為に関する規定を709条以下に置いている。とくに，民法709条は，不法行為について，一般的にその成立要件を定めるものである。それに対して，民法712条ないし719条の規定は，不法行為の中でもそれぞれ特定の類型を想定し，何らかの点で民法709条の要件を修正している。また，民法以外の特別法においても，不法行為の加害者が被害者に対して損害賠償をすべき旨を定めている規定が置かれていることがある。そこで，民法709条に定める一般的な不法行為を一般的不法行為と呼ぶのに対して，それ以外の民法および特別法の規定に定める類型の不法行為を特殊的不法行為と呼んでいる。以下においては，主

1 不法行為 127

として，民法上の特殊的不法行為について，いくつかの類型をあげる。

民法上の特殊的不法行為
の類型
---

(1) 未成年者・精神障害者

第1に，判断能力のない未成年者および精神障害者は，責任能力がないものとして，他人に損害を与えても，その賠償責任を負わない（民法712条・713条）。そして，これらの者の代わりに，その監督義務者が損害賠償責任を負う（民法714条）。ここで，監督義務者というのは，未成年者の父母・成年後見人などであるが，監督義務者に代わって監督をする者（たとえば，学校の教員など）も同じように責任を負う。

(2) 被用者（使用者責任）

第2に，他人に雇われている被用者がその仕事をしていることについて，第三者に損害を与えた場合には，被用者を雇っている使用者が損害賠償責任を負う（民法715条。使用者責任と呼ばれる）。この場合には，直接の加害者である被用者自身も民法709条によって損害賠償責任を負うことが要件とされている。そこで，被害者は，加害者である被用者およびその使用者の両方に損害賠償を請求することができる。使用者が被用者に代わって損害賠償を支払ったときには，使用者は被用者に求償することができる。

(3) 土地工作物の占有者・所有者

第3に，土地工作物の設置・保存に瑕疵があって，他人に損害を与えた場合に，土地工作物の占有者は，被害者に損害賠償をしなければならない（民法717条）。たとえば，手入れを怠っていたために，住宅の石の塀が崩れて，通行人がけがをした場合には，その塀の占有者（通常はその家に住んでいる人）が損害を賠償しな

128　第9章　不法行為

ければならない。なお，占有者が事故が起きないように十分に注意していたにもかかわらず，損害が生じた場合には，占有者に代わって所有者が損害賠償責任を負う（たとえば，この例で，家が借家であれば，まず占有者＝借主が責任を負い，借主に過失がなければ，所有者＝貸主が責任を負う）。

(4) 動物占有者

第4に，動物を占有している者は，その動物が他人に与えた損害の賠償をしなければならない（民法718条）。たとえば，紐をつけないまま，飼い犬を散歩させているときに，その犬が歩いていた子供に噛みついてけがをさせた場合には，飼い主がその損害賠償義務を負う。

(5) 共同不法行為者

第5に，数人が共同の不法行為によって他人に損害を与えた場合には，直接に損害を与えた者だけでなく，共同行為に加わった者すべてが被害者に対して損害賠償責任を負う（民法719条）。

特別法上の特殊的不法行為の類型——原子力損害の賠償

前述のように，民法以外の特別法により損害賠償が定められていることが少なくない（本章の設例である交通事故に関する自動車損害賠償保障法もその一例である）。ここでそのすべてを取り上げることはできないが，東京電力福島第一原子力発電所の事故による原子力損害の賠償について，簡単に触れることにする。原子力損害の賠償については，原子力損害の賠償に関する法律（昭和36年法律147号）に定められている。原子力損害（原子力損害賠償法2条2項で定義されている）については，原子力事業者が責任を負い（同法3条），その責任は無過失責任とされている（極めて例外的な場合にのみ免責される）。また，外国の立法例では，限度

1 不法行為 129

額が定められていることが少なくないが，日本では，無限責任とされている。そして，原子力事業者のみが責任を負い，それ以外の者が責任を負わないとする責任集中の原則がとられている（同法4条）。さらに，原子力事業者は，損害賠償義務を確実に履行するために，保険契約，補償契約等により一定の額までの賠償措置を講じなければならないとされている（同法6条）。

なお，国際的には，原子力損害の賠償に関する基本的原則を定めた国際条約（パリ条約，ウィーン条約など）が存在し，多くの国がそれに加盟し，条約に従った国内法を制定している。福島事故当時において，日本はこれらの条約には加盟していなかったが，前述のような日本の原子力損害賠償制度は，実質的に国際的な基本的原則に沿ったものである。福島事故後，日本も「原子力損害の補完的な補償に関する条約（CSC条約）」に加盟したが（2015年），従来の損害賠償制度が基本的に維持されている。

2 損 害 賠 償

不法行為責任を負う者は，被害者に対して損害賠償責任を負うことになる。不法行為責任と債務不履行責任は，被害者の被った損害を回復するための制度として共通している。そこで，損害賠償に関して両者は多くの点について同じように考えられている。

損害賠償の内容

まず，その損害賠償責任の内容は，原則として金銭による賠償である（民法722条1項は，債務不履行による損害賠償方法について金銭賠償の原則を定めた民法417条を準用している）。すなわち，被害者の被った損害を金銭で評価して，その額の金銭によって賠償をするものであ

る。ただし，名誉毀損のような場合については，例外的に謝罪広告などの原状回復によることが認められている（民法723条）。たとえば，加害者が被害者に謝罪する旨の文を新聞に掲載することなどである。

なお，加害者が被害者（またはその遺族）に対して，損害の賠償を任意に履行しないときは，被害者は裁判所における訴訟によって，その実現をはかることになる（これについては，第16章参照）。

損害賠償の範囲

次に，損害賠償の範囲については，債務不履行における民法416条のような規定が存在しないのであるが，多くの学説は債務不履行に基づく損害賠償と同じように考えている。すなわち，不法行為責任を負う者は，被害者に対して不法行為と相当因果関係にある損害の賠償義務を負うと解されている（もっとも，このような相当因果関係説について批判のあることは，すでに第7章で述べたとおりである）。

また，被害者に過失のある場合の過失相殺についても，債務不履行と同様である（民法722条2項）。ここで，過失というのは，民法709条でいう過失とは異なるものと解されている。すなわち，未成年者であっても事理弁識能力（物事の道理を判断する能力を意味し，責任を判断する能力よりも低いものと考えられている）があれば，その過失を斟酌しうると考えられている。いいかえれば，過失相殺のための過失の方が緩やかに認められるのである。また，被害者が幼児であって，その過失がない場合にも，親の過失を被害者側の過失として過失相殺することも認められている。

損害賠償請求権の時効

なお，債務不履行責任に基づく損害賠償請求権は，債権者が権利を行使すること

2 損害賠償 131

ができることを知った時から5年間または権利を行使できる時から10年間，権利を行使しないと時効消滅するとされている（民法166条1項1号・2号）。ただし，人の生命または身体の侵害による損害賠償請求権については，5年間または20年間とされている（民法167条）。

不法行為に基づく損害賠償請求権については，特別の規定を置いて，短期で時効消滅するものとしている。すなわち，被害者が損害および加害者を知った時から3年で時効消滅すると規定されている（民法724条1号）。ただし，人の生命または身体を害する不法行為による損害賠償請求権については，この期間は5年とされている（民法724条の2）。そして，長期の時効については，不法行為の時から20年とされている（民法724条2号）。

自動車事故による不法行為責任

●設例についての考え方

まず，運転者であるBが民法709条によってCに対して損害賠償義務を負う。Cが自分の支払った治療費を損害としてBに賠償請求するためには，前述のような不法行為の成立要件をみたしていることが必要である。次に，Bの使用者であるAも民法715条によってCに対して損害賠償義務を負う。この場合には，民法715条の要件がみたされていることのほかに，Bについて民法709条の要件がみたされていることが必要である。そして，Bの責任とAの責任は，不真正連帯債務と呼ばれていて，Cは，BおよびAの両方または一方に対して，損害全部の賠償を請求することができ，BとAのいずれか一方がCに対して賠償債務を履行すれば，

132　第9章　不法行為

他方も責任を免れると解されている（Aが賠償した場合には，AからBへの求償関係が残る）。

　なお，自動車による事故によって生じた人身損害（けがをしたり，死亡したりしたことによる損害）については，自動車損害賠償保障法によって，被害者が容易に損害賠償を請求できるようになっている。すなわち，同法3条は，自動車の運行供用者（難しい概念であるが，通常は自動車の所有者・運転者などを意味し，ここではAおよびBがそれにあたる）が原則として，損害賠償責任を負うこととし，運行供用者および運転者に過失がなかったこと，被害者または第三者に故意・過失があったこと，自動車に構造上の欠陥がなかったことの3つを証明しない限り，その責任を免れないとしている。この法律は，基本的には，過失責任主義に基づいているが，責任の要件のないことを加害者の側に証明させることによって（民法709条では，被害者が加害者に責任があることを証明しなければならない），被害者の救済をより容易にしたものである。

🖉　自動車事故による不法行為責任　133

◇ナポレオンとフランス民法典

　フランス民法典は，1789 年のフランス革命を経て，1804 年に制定された。この法典は，近代の民法典として最初のものであり，戦争により拡大した領土，フランスの植民地などにおける近代的な民法典の模範となった。その制定過程において，ナポレオンは，国務院（Conseil d'État）における審議に議長として多くの回数出席し，積極的に発言した。ナポレオンは，軍人であって，法律家ではなかったが，内容にかなり大きな影響を残している。「フランス人の民法」というのが正式の名称であったが，このようなナポレオンの果たした役割のために「ナポレオン法典」と呼ばれている（その後，第一帝政および第二帝政の時代に一時，それが正式の名称となった）。たとえば，離婚制度・養子制度はナポレオンの主張によって民法典に制定されたものである。これは，ナポレオンがジョゼフィーヌとの離婚を考え，また，子供が生まれない場合に養子によってボナパルト王朝を存続させることを考えていたためであるといわれている。実際に，その後，ナポレオンは，ジョゼフィーヌと離婚し，マリー＝ルイーズと再婚している（マリー＝ルイーズとの間にナポレオン 2 世が生まれ，養子の必要はなくなったが）。

　また，後に，ナポレオンはセントヘレナ島で，「私の真の栄光は，40 回の戦いに勝利したことではない。ワーテルローの敗戦が幾多の勝利の思い出を消し去ってしまった。しかし何ものも消し去ることのできないもの，永遠に生き続けるもの，それは私の民法典である」と回顧している（滝沢正『フランス法（第 5 版）』（三省堂，2018 年）79 頁参照）。

　このようにして制定されたフランス民法は，その後，多くの改正がなされてはいるが，現在も民法典として存続している。とくに，第 2 次大戦後に行われた一連の家族法の改正によって，家族法の分野で制定当時のまま残っている条文はほとんどないといってよい。さらに，財産法の部分についても，担保，時効，債務一般，契約などに関する最近の改正によって，制定当時と比較すると，家族法ほどではないが，かなり大きく変わっている。

第10章

事務管理・不当利得

1 事務管理
  1 事務管理の意義
  2 準事務管理
2 不当利得
  1 不当利得の意義
  2 三者不当利得
  3 不法原因給付

✐ 預金の過払いと不当利得
　　—設例についての考え方

Aは，B銀行に普通預金をしている。ある日，Aは，窓口で20万円の払戻しを請求し，金を受け取って家に帰って数えたところ，30万円あった。通帳には，20万円払い戻したことになっている。B銀行はAに誤って支払った10万円の返還を請求できるか。

1 事　務　管　理

① 事務管理の意義

　前述のように，民法典では，債権債務関係の発生原因として，契約・不法行為と並べて，事務管理および不当利得をあげている。契約や不法行為がわれわれの日常生活においてかなり身近なものとして意識されているのに対して，事務管理および不当利得は極めて法的な概念であって，ことばとしても，日常の生活の中であまり使われることのないものである。これらの4つの債権債務関係の発生原因の中で，契約というのは複数の意思の合致によって債権債務関係を発生させるものである。これに対して，不法行為，事務管理および不当利得は一定の事実から債権債務関係を発生させるものである。

<u>事務管理の意義</u>　　事務管理というのは，法律の規定による義務あるいは契約による義務のような法的な義務がないにもかかわらず，他人のために仕事をすることをいう（民法697条）。たとえば，隣に住んでいる人が家族で海外旅行に出かけている間に，大きな台風で隣の家の屋根の一部が壊れたので，隣の人に頼まれたわけではないが，隣の人のために建築

136　　第10章　事務管理・不当利得

業者に屋根の修理を依頼するような場合である。この場合に，他人のために仕事をする人を事務管理者といい，それによって利益を受ける他人（上の例の隣の人）を本人という。

この例において，隣の人から留守中の家の管理を依頼されていたのであれば，当事者間に委任契約（家の管理は法律行為ではないから，正確には準委任である。民法656条参照）が成立していることになるから，建築業者に屋根の修理を依頼するのは，その契約上の義務に基づくものである。しかし，隣の人から家の管理を頼まれていない場合には，隣の人のために屋根の修理を依頼する義務はまったくない。それにもかかわらず，隣の人のために屋根の修理を依頼するような行為が事務管理にあたる。

あるいは，海でおぼれかかっている人を助けることも事務管理の一例である。もっとも，法律上の救助義務があるような場合には（たとえば，警察官や消防士など），救助はその義務に基づくものであり，事務管理ではない。

事務管理制度の目的 本来人は自由であり，相互に干渉することは避けるべきであるが，社会生活が相互扶助の上に成り立っていることから，法律上の義務がないにもかかわらず，他人のために何らかの仕事をすることを認めているのが事務管理の制度である。ただし，民法は事務管理を積極的に認めているわけではなく，頼まれていないにもかかわらず他人のために仕事をすることが適法な行為として，不法行為にあたらないとしているにとどまる。

具体的には，事務管理は本人の意思に反することはできず，いったん事務管理を開始した管理者は管理を継続しなければならない（民法700条）。また，管理者は，管理のために支出した費用の償

1 事務管理　137

還を請求できる（民法702条1項）が，報酬を請求することはできない。

特別法上の事務管理

特別法では，事務管理を積極的に認め，事務管理を助長している場合もある。最も顕著なのは，管理者に報酬請求権を与えている場合である。たとえば，遺失物法では，遺失物を発見し届け出た者に報酬請求権（報労金という）を与えることによって，遺失物が遺失主の手元に戻ることを促進している（遺失物法28条）。

事務管理の要件

事務管理が成立するためには，他人の事務を管理すること，他人のためにする意思があること，法的な義務がないこと，本人の利益および意思に適合すること，の4つの要件が必要である（民法697条・700条）。そして，これらの要件をみたす場合には，事務管理は本人に対する関係において不法行為にならない。また，管理者と本人の間に債権債務関係が発生する。すなわち，管理者は本人に対して，一方で，管理開始の通知義務（民法699条），管理継続の義務（民法700条），などの義務を負う。また，管理者と本人との関係が委任における受任者と委任者との関係に類似していることから，委任の規定が準用されている（民法701条）。具体的には，管理者は報告義務（民法645条），受取物の引渡義務（民法646条）および金銭消費の賠償責任（民法647条）を負う。また，受任者が善管注意義務（善良な管理者の注意をする義務。物または事務を管理する場合に，その職業または地位にある人として普通に要求される程度の注意をすることが求められる）を負う旨を規定している民法644条は準用されていないが，事務管理においても管理者は同様の義務を負うと考えられている。他方で管理者は，本人に対して，支出した

138　第10章　事務管理・不当利得

費用の償還請求権を有する（民法702条1項）。

② 準 事 務 管 理

事務管理が成立するためには，前述のような要件が必要であるが，事務管理者が他人のためではなく，自己のために他人

> **事務管理の成立要件を欠く場合**

の事務を管理した場合には事務管理は成立しない。たとえば，XがYの所有物を自分の所有物であると偽って，時価よりも高い代金額でZに売却し，代金を着服した場合には，その売却行為はXによるYのための事務管理とはならない。なぜなら，XにはYのためにする意思がないからである。Xの行為は債務不履行または不法行為となるにすぎない。たとえば，Xがその物をYから借りたり，預かっていた場合には，Xは返還義務を負っているから，Zにその物を売却したことによって，債務不履行責任を負うことになる。また，Xがその物をYから盗んでZに売却したのであれば，不法行為責任を負うことになる。

> **準 事 務 管 理**

もし，Xの売却行為が事務管理であれば，Yは，Xに対して，XがZから取得した

代金全額の引渡しを請求できる（民法701条による同646条の準用）。しかし，債務不履行あるいは不法行為に基づく損害賠償によっては，Yは，Xに対して，その物の時価相当額しか請求できないため（民法416条），Zへの売却代金と時価との差額はXの手元に残ることになる。ドイツ民法では，このような場合に，事務管理に準じてYはXの得た金額全部の引渡しを請求できると規定している。これを準事務管理と呼んでいる。日本でも同じように考えるべきであると考えられている。

1 事 務 管 理　139

2 不 当 利 得

① 不当利得の意義

不当利得の意義

不当利得というのは，ある者が法律上の原因がないのに他人の財産または労務により利益を得，それによって他人に損失を及ぼしていることをいう。利益を得ている者を受益者（＝利得者），損失を被っている者を損失者と呼んでいる。この場合には，受益者は損失者にその利益を返還しなければならない（民法703条）。たとえば，銀行の通帳と印鑑を盗んだ者が銀行から預金の払戻しを受けた場合に，銀行が盗難の事実を知らないで，払戻しを請求した者が預金者本人であると信じて払戻しをし，そのことに過失がなかった場合には，払戻しは有効とされるが（民法478条），預金者は払戻しを受けた者（盗んだ者）に対して，その者が払戻しを受けた金額を不当利得として返還請求することができる（なお，このような場合に，不法行為として，損害賠償請求することも考えられる）。

不当利得の要件

不当利得が成立するためには，他人の財産または労務によって利益を受けたこと，そのために他人に損失を与えたこと，受益と損失との間に因果関係があること，法律上の原因がないことの4つの要件が必要とされている（民法703条）。もっとも，要件の構成については前3つの要件をまとめて考える見解などがあり，学説が分かれているが，実質的な要件の内容については，それほどの差異はない。

不当利得成立の効果

そして，不当利得が成立すると，損失者は受益者に対してその利得の返還を請求

できる。ただし，返還されるべき利得の範囲については，受益者が善意であったか悪意であったかによって異なっている。受益者が善意であった場合には（受益者が受益の時点において法律上の原因のないことを知らなかった場合），現在利益が残っている限度で損失者に返還すればよい（民法703条）。これに対して，受益者が悪意であった場合には（受益者が受益の時点において法律上の原因のないことを知っていた場合），受益者は受けた利益に利息を付して返還しなければならない（民法704条）。

2 三者不当利得

第三者が介在する不当利得

ところで，受益者と損失者との間に第三者が介在しない場合には，前述の要件の成否についてそれほど大きな問題はない。しかし，第三者がその間に介在する場合には，要件の成否について難しい問題を生ずる。たとえば，PがQから盗んだ（騙取した）金銭を債務の弁済としてRに交付したような場合に，QはRに対

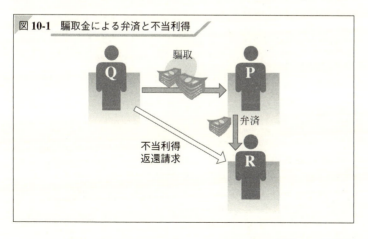

図 10-1 騙取金による弁済と不当利得

して不当利得の返還請求ができるかが問題となる。

　本来，Qは盗んだPに対して不法行為に基づく損害賠償を請求できるのであるから，それによって損害（盗まれた金銭の額）を回収すべきである。しかし，Pにその損害を賠償するだけの資力がない場合に，Pが盗んだ金銭によって実質的に利益を得ているRに対して，不当利得としてその利益の返還を請求できないかが問題となる。確かに，Pには資力がないにもかかわらず，Rとしては，PがQから金銭を盗んだことによって本来得られなかったであろう弁済を得られたのであるから，利得を生じているとみることもできる。

　しかし，不当利得の成立を認める考え方に対しては，次のような疑問がある。Rは債務の弁済を受けたにすぎないのであるから，利得を生じていないともいえる（金銭を受け取ることによってRの債権は消滅している）。また，Rが金銭を受領したのは，債務の弁済としてであるから，法律上の原因がないとはいえないのではないかという疑問も生ずる。さらに，もしRに利得があるとしても，その利得とQの損失との間に因果関係があるかという疑問もある。

　このような疑問があるが，判例は，この事例のような騙取された金銭による弁済について，不当利得の成立を認めている（最判昭和49・9・26民集28巻6号1243頁）。社会通念上，Qの金銭によってRの利益がはかられているという連結関係があることが重視されているといえよう。

　　――――――――――――　なお，三者不当利得の例として，転用物
　　　　転用物訴権　　　　　訴権と呼ばれるものがある。Yの所有す
　　――――――――――――
る建設機械を賃借していたAがその修理をXに依頼し，Xが修理して，Aに引き渡したが，Aは修理代金を支払わなかったという

ような場合である。Aが事実上倒産して，Aには修理代金を支払う資力がない場合に，Xは，不当利得の返還請求として，Yに修理代金相当額の支払いを請求できるかが問題となる。

この場合にも，騙取金による弁済の場合と同じように，不当利得の要件がみたされているかが問題となる。すなわち，Xに損失があるか（XはAに対して修理代金債権を有している），Yに利得が生じているか（YとAとの間で修理義務がAにあれば，Yに利得はないのではないかと考えられる），Yに利得があるとしても，法律上の原因がないとはいえないのではないか（Yは賃貸した建設機械について原状においての返還を受けたにすぎないと考えられる），Yの利得とXの損失との間に因果関係があるか，等が問題となる。

判例は，このような場合に，Xの損失とYの利得との間の直接の因果関係を認め，不当利得返還請求を認めている（最判昭和45・7・16民集24巻7号909頁）。しかし，学説は，このような判例に対して，これを是認する考え方と批判的な考え方に見解が分か

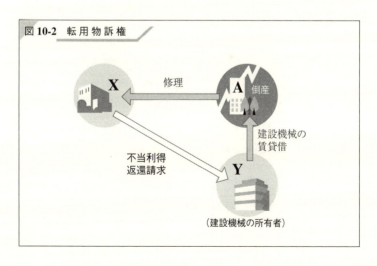

図10-2 転用物訴権

れている。

③ 不法原因給付

たとえば，賭博行為において，負けた者が賭け金を支払う旨の合意があったとしても，賭博で勝った者は，負けた者に約束した賭け金の支払いを請求することはできない。賭博行為が違法であり，賭け金を支払う合意は，公序良俗に反することを目的とするものであり，民法90条により無効となるからである（公序良俗については，第4章参照）。

しかし，もし，賭博で負けた者がすでに賭け金を支払っていた場合には，賭博行為に関する合意が無効であることを理由に，支払った賭け金の返還を請求することができない。これは，民法708条に定める不法原因給付にあたるからである。すなわち，民法708条は，不法な原因のために給付した者はその給付した物を返還請求できないと規定しているが，この規定が賭博により支払われた賭け金に適用されるからである。

前述のように，無効な契約に基づいて，金銭や財産の授受が行われた場合には，それらを受領した者は不当利得として，返還しなければならないのが原則である（民法703条）。しかし，公序良俗に反することを目的とする合意に基づいて，金銭や財産の授受が行われた場合には，不当利得として，その金銭や財産の返還を請求することを認めることは，自ら公序良俗違反の行為をした者に，法が手を貸すこととなり，妥当でないと考えられる。そこで，民法708条は，そのような金銭や財産の授受が不法な原因のために給付されたものとして，その返還請求を否定したのである。

結局，民法90条と708条は，反社会的な行為をした者に一切の

144　第10章　事務管理・不当利得

法律上の救済を与えない趣旨の規定であるが，前者はその履行請求を否定し，後者は履行されたものの回復請求を否定し，表裏一体をなすものである。

ただし，不法の原因がもっぱら受益者にあり，不法性が給付者にないような場合には，例外的に不当利得返還請求を認めている（民法708条但書）。給付者に対する社会的な非難の程度がそれほど大きくないことがその理由である。たとえば，相手方の無思慮・窮迫に乗じて暴利をむさぼる行為（暴利行為）は，公序良俗に違反し，無効とされるが，不法の原因はもっぱら受益者にあると考えられ，それによって給付したものの返還請求が認められる。なお，判例は，給付者と受益者の不法性を比較し，受益者の不法性が給付者の不法性よりも著しく大きい場合には，給付者の不当利得返還請求を認めている。

預金の過払いと不当利得

●設例についての考え方

設例では，Aには10万円の利得が生じていて，B銀行には10万円の損失が生じている。そして，預金通帳では20万円しか払い戻されていないことになっているのであるから，Aの利得について，法律上の原因がないことも明らかであろう。また，Aの利得とB銀行の損失との間に因果関係があることも問題ないであろう。したがって，B銀行はAに対して，不当利得の返還を請求できる。返還請求できる利得の範囲については，Aが受け取った金額が10万円多かったことを知っていれば，10万円全額およびそれに対する利息であるが（民法704条），10万円多いことを知らず

預金の過払いと不当利得　145

にそれを消費してしまったのであれば（実際上知らなかったことは
あまり考えられないが），現に残っている部分しか返還請求できな
いことになる（民法703条）。なお，善意悪意を判断する時点は受
益の時（設例では預金の払戻しを受けた時点）であるが，受益の時
点で善意であっても，その後悪意になったときには（金銭が多い
ことに気づいたとき），その時点から悪意者としての返還義務を負
うものと解されている。

第11章

債務の弁済

1 債務の担保（物的担保と人的担保）
2 債務の弁済（債務の履行）
3 手形・小切手
　　① 手形・小切手の意義
　　② 手形法・小切手法
　　③ 手形・小切手の廃止，電子債権化
4 銀 行 送 金
5 クレジット・カードなど

✐ 売買代金の支払方法—設例についての考え方

Aは，雑誌の広告を見て，B会社に家具を注文した。B
会社は，Aに注文の製品を送付し，代金の支払いを請求し
た。Aはどのように支払いをすればよいか。

1 債務の担保 (物的担保と人的担保)

債務の担保

　すでに述べたように，物権が物を直接に
支配する権利であるのに対して，債権は
他人に行為を請求する権利である（第3章参照）。そして，債務者
がその債務を履行しない場合には，債権者はその履行を強制で
きるとともに，損害賠償を請求できる（第7章参照）。この場合に，
債務者に損害賠償を支払うだけの資力がなければ，債権者は結局
損害賠償を得ることができない。いいかえれば，債権者にとって，
債務者の財産が最後の拠り所なのである。

　このように，債権は物権に比べて弱い権利であるが，その弱さ
を補うものとして担保の制度がある。すなわち，債務者に資力が
なく，債務を弁済できない場合であっても，債権者が債権によっ
て定められている利益を実現する手段をあらかじめ講じておくも
のである。債権の担保制度と呼ばれる。具体的には，債務者ある
いはそれ以外の第三者の所有する財産を担保とする場合と債務者
以外の第三者の資力を担保とする場合（資力といっても，結局第三
者の有する財産の全体が担保となる）とがある。前者を物的担保と
いい，後者を人的担保という。このような担保制度は，金銭の貸
し借りにおいて最も広く利用されている。たとえば，XがYから
金を借りる際に，Xの所有する不動産に抵当権を設定する場合が

148　　第11章　債務の弁済

物的担保の例であり，Zが保証人となる場合が人的担保の例である（以下の記述は，このような金銭債権を念頭に置いている）。

物的担保（担保物権）　債務者あるいはそれ以外の第三者の所有する財産が物的担保となる最も典型的なものは，担保物権である。すなわち，債権者が債務者あるいはそれ以外の第三者の所有する財産の上に担保物権を有する場合には，債務者が債務を弁済しないときは，債権者は，裁判所の力を借りて，担保物権の対象である財産を売却し，その代金から債権の回収をはかることができる。担保の対象となっている財産の価値を把握するものであり，その価値が維持されている限り，債権者は債権の実現を確実にはかることができる。

　具体的に民法に規定されているのは，留置権，先取特権，質権および抵当権である。留置権というのは，他人の物を占有している者がその物に関して生じた債権を有する場合には，その債権の弁済を受けるまでその物を留置できる権利である（民法295条1項）。たとえば，自動車の修理業者が客に対して，修理代金を支払うまで修理した自動車の引渡しを拒むことができるような場合である。先取特権というのは，特定の債権を有する者が他の債権者よりも優先的に弁済を得られる権利である（民法303条）。たとえば，建物の賃貸人は，賃料債権について，それが弁済されない場合に，賃借人が建物に備え付けた動産から優先的に弁済を得られる。質権というのは，債権者が債務者から担保として受け取った物を占有し，債務が弁済されない場合に，債権者がその物から優先的に弁済を得られる権利である（民法342条）。たとえば，金銭の借主が，借入れに際して所有する動産を貸主に質入れするような場合である。抵当権というのは，債務が弁済されない場合に，

1　債務の担保（物的担保と人的担保）　149

債務者から占有を移転することなく担保として提供された不動産
から，債権者が優先的に弁済を得られる権利である（民法369条）。
たとえば，金銭の借主が，借入れに際して所有する不動産を貸主
に担保として提供するような場合である。

　留置権と先取特権は法律の規定によって生ずる法定担保物権で
あるが，質権と抵当権は債権者と担保権設定者（通常は債務者で
あるが，第三者の場合もある）の合意によって生ずる約定担保物権
である。

人的担保（保証）

債務者以外の第三者の資力（財産の全体）
が担保となる最も典型的なものは保証で
ある。すなわち，債務者が債務を弁済しない場合について，債務
者以外の第三者が債務者に代わってその債務を弁済することを保
証する場合である（民法446条1項）。保証する者は保証人と呼ば
れる。なお，保証契約は書面でしなければ効力を生じない（同条
2項）。ただし，電磁的記録によってなされた契約は，書面によっ
てなされたものとみなされる（同条3項）。

　債務者の資力がなくなっても，保証人に十分な弁済の資力があ
る限り，債権者は債権の実現を確実にはかることができる。

　保証人は,債務者に代わって債務を弁済するものであるから（こ
のような性質は補充性と呼ばれる），債権者が債務者に請求するこ
となく，保証人に債務の履行を請求してきた場合にも，債務者に
先に請求すべきこと，債務者の財産から先に弁済を得るべきこと
を抗弁として主張できる（それぞれ催告の抗弁権および検索の抗弁
権と呼ばれ，民法452条・453条に規定されている）。保証人が債務
者と連帯している場合には（連帯保証と呼ばれる），このような抗
弁権はなく，債権者が債務者に請求することなく，保証人に債務

の履行を請求してきた場合であっても，保証人はその請求に応じて保証債務を履行しなければならない（民法454条）。

物的担保の場合には，債権者はその対象となっている財産から優先的に弁済を得られる。これに対して，人的担保の場合には，債権者は第三者（保証人）の財産から弁済を得られるが，その弁済は他の債権者よりも優先するものではない。

根 保 証

なお，一定の継続的な取引から将来生ずる債務を保証することを根保証というが，実務では，保証期間，保証限度額の定めのない包括根保証が利用されてきた。このような包括根保証では，保証人の責任が，保証人の予想を超えて重くなることがあり，その弊害が指摘されてきた。そこで，平成16年の民法改正により，貸金債務について，個人が根保証人となる場合には，保証限度額（極度額という）を定めなければ保証の効力を生じないものとされた（民法465条の2第2項）。また，保証期間について，5年を超えない期間を定めることができ，期間の定めがないときは，3年で元本が確定するとされた（民法465条の3第1項・第2項）。元本が確定するというのは，確定した時に存在する債務のみが保証債務の対象となることを意味する。また，主たる債務者または保証人が破産手続開始の決定を受けたとき，これらの者が死亡したときなどにも，元本が確定する（民法465条の4第1項・第2項）。

2 債務の弁済 （債務の履行）

債務弁済の方法

契約によって，当事者の一方または双方は，債務を負担することになり，前に述

2 債務の弁済（債務の履行）　151

べたように，債務を負担した当事者は，その契約内容に従って，債務を履行しなければならない（第7章参照）。いいかえれば，どのように債務を履行しなければならないかについては，当事者間で定められているのが通例である。しかし，基本的な点あるいは重要な点については，明確な合意があっても，細部については必ずしも合意がなされていない場合も少なくない。たとえば，その債務の内容が金銭の支払いであるときには（このような債務を金銭債務という），金額・支払期限などについては合意されていても，支払方法についてまで合意されていないこともある。

　最も一般的な方法として，現金で直接支払う方法がある。われわれがデパートで物を買ったり，レストランで食事をしたりする場合には，現金で支払うことが多いが，金額の大きい場合，支払う相手が遠隔地にいる場合など，現金の支払いには適していない場合も少なくない。そこで，手形・小切手で支払う方法，相手方の銀行口座に振り込む方法，クレジット・カードによって支払う方法などいろいろな方法がとられている。

3 手形・小切手

① 手形・小切手の意義

> 有価証券制度

手形および小切手は，金銭債務の支払い手段として，歴史的には古くからあるものである。手形・小切手は，株券・船荷証券などと同じように有価証券である。有価証券というのは，金銭の支払請求権，寄託物や船荷の引渡請求権などの権利を表した証券がこれらの権利と一体化しているものである。すなわち，証券を所持している者が権

利者として扱われ，証券の移転によって権利も移転するのである。この点において，預金証書のように，権利を表してはいるが，権利そのものとは結合していない証券とは異なっている。このような有価証券制度は，証券の所持人が権利者として扱われることによって，権利の流通性を高めるものである。

> ### 手　形

手形・小切手は典型的な有価証券であり，一定額の金銭の支払請求権を表章するものである。手形には，約束手形と為替手形がある。約束手形は，ある者が一定の期日に一定の金額を支払う旨を約束するものである。このような手形を作成し，債務を負担することを手形の振出しといい，手形を振り出す者を振出人という。そして，その金額を受け取る者を受取人という。受取人は，手形上の権利を他人に譲渡することができる。権利譲渡の方法は，手形の裏面に譲渡の当事者を記載し，その手形を譲受人に交付することによって行われる。これを裏書という（譲渡人を裏書人，譲受人を被裏書人という）。譲受人は，さらに裏書によって，手形上の権利を他人に譲渡することができる。このようにして，手形は次々と譲渡されることが想定されている。そして，手形に記載された支払期日に，手形上の権利者（受取人あるいは被裏書人）は，振出人に対して，手形の額面金額の支払いを請求できる。

為替手形というのは，手形の振出人が自ら支払いを約束するものではなく，第三者（支払人）に一定の金額の金銭の支払いを委託するものである。国際的な取引の決済のための送金あるいは取立ての手段として用いられるものである。

> ### 小　切　手

小切手というのは，為替手形と同じように，振出人が第三者に支払いを委託する

3　手形・小切手　153

ものであるが，満期日の観念がなく，一覧払いとされていること（小切手が呈示された時に支払われるべきものとされていること），支払人が銀行に限られていることが為替手形と異なっている。したがって，小切手は現金に代わる支払手段として機能している。

② 手形法・小切手法

手形・小切手に関する法制度

手形・小切手については，国際的な条約に従って，立法がなされている。すなわち，ジュネーブ手形法統一条約（1930年）およびジュネーブ小切手法統一条約（1931年）に基づいて，手形法および小切手法が制定されている（したがって，ドイツ，フランス等これらの条約を批准して，国内法を制定している国では，手形法・小切手法は基本的に同じような制度になっている）。これらの法律は，手形および小切手について，その形式を定めるとともに，流通を保護するための規定を置いている。

民法における有価証券

手形法・小切手法などの有価証券法制を踏まえて，民法は有価証券に関する基本的な規定を定めている。

すなわち，民法では，債権は債権者＝譲渡人と譲受人との間における譲渡の意思表示のみによって，譲渡されるが，譲受人がその譲渡を第三者に対抗するためには，対抗要件を具備する必要がある。債権証書が作成される指図債権（手形や小切手と同じように，証券に指定された者が権利を取得する債権）においては，その証書に裏書をして，これを譲受人に交付することが効力要件とされている（民法520条の2）。また，記名式所持人払証券（証券に債権者を指名する記載がなされているが，その所持人に弁済すべき旨が付記

154　第11章　債務の弁済

されている）についても，その譲渡は，証券を交付しないと効力を生じないとされている（民法520条の13）。

③　手形・小切手の廃止，電子債権化

　すでに述べたように，手形・小切手は，決済手段として古くから用いられてきたものであるが，コンピュータや通信技術の発達した現代においては，紙であることによる不便さが顕在化している。そこで，まず，政府の「成長戦略実行計画」（2021年）では，5年後の約束手形の利用の廃止に向けた取組の促進，小切手の全面的な電子化を図ることが示された。そして，銀行業界では，紙の手形・小切手の全面的な電子化を2026年度末までに実現する旨の自主行動計画を立てている。なお，債権譲渡の電子化に関しては，2007年に制定された電子記録債権法（法102号）においても，手形に代替するものと期待された。

4　銀 行 送 金

振込みによる送金

　銀行を通じて送金する場合には，一般に振込みによる方法がとられている。送金をしようとする者（振込依頼人）は，銀行（仕向銀行という）に対して，金銭を交付し，受取人の銀行口座を指示して振込みの依頼をする。仕向銀行は受取人の口座のある銀行（被仕向銀行という）に対して振込指図をする（仕向銀行と被仕向銀行が同一の銀行である場合もある）。被仕向銀行は，それに従って，受取人の口座に入金する。受取人は入金された額の預金債権を取得することになり，現金で受け取ったのと同じ経済的利益を得ることになる。

| 振込みの法律関係 | このような銀行送金は，振込依頼人が受取人に対して金銭債務を負担していること（原因関係という）を前提として，行われるものであるが，振込依頼人と仕向銀行，仕向銀行と被仕向銀行，被仕向銀行と受取人との関係をどのように考えるかについては，いろいろと議論のあるところである。

たとえば，振込依頼人と仕向銀行との間の関係は委任関係と解されているが，委任事務の内容がどのようなものであるのかについて論じられている。仕向銀行が振込依頼人に負っている債務は，一定の金額を受取人の口座に入金記帳することによって受取人に金銭を支払う旨の指図を被仕向銀行にすることにとどまるのか，受取人の口座に入金記帳されるところまで及んでいるのかということである。銀行の実務では，前者のような見解をとっていて，それに基づいた振込規定が定められている。

また，受取人と被仕向銀行との間の関係についても，銀行実務では，受取人の口座に入金記帳されるまでは，被仕向銀行は受取人に対して預金債務を負担しないと解されている。

誤った送金がなされた場合に，受取人とされた者と被仕向銀行との間に預金が成立するのかについても問題となる。なぜ誤った送金がなされたのかについてもいろいろな原因が考えられるが，振込依頼人の錯誤によって，誤った受取人に対して振込依頼がなされた場合に，受取人とされた者と被仕向銀行との間に預金が成立するとした判決が最高裁判所でなされている（最判平成8・4・26民集50巻5号1267頁）。

5 クレジット・カードなど

クレジット・カードの
仕組み

クレジット・カードというのは，物を購入したり，サービスの提供を受けたりする場合に，その代金を支払う手段として用いられるものである。カード発行会社は，消費者のカードの利用申込みを審査し，カードを発行する。法的には，消費者（カード保有者・カード会員などと呼ばれる）とカード会社との間に，入会契約と呼ばれる契約が締結されていることになる。そして，その契約の具体的な内容として，カードの利用方法，利用代金の支払方法などが会員規約に定められている。

カードの利用ができる店舗等（加盟店と呼ばれる）とカード発行会社との間には，カード保有者によるカードの利用に関して，加盟店契約が締結されている。カード保有者は，加盟店で物を買ったり，食事をしたりした場合に，現金でその代金を支払う代わりに，カードを利用することができる。カード発行会社は，カード保有者に代わって，その利用代金を加盟店に支払い，後からカード保有者にその支払いを請求するのである。カードを利用する消費者からすると，現金を持ち歩くことなしに買い物ができるという利点がある（ただし，カード保有者は年会費を支払う場合が多い）。加盟店にとっても，カードが真正なものであれば，カード発行会社からカードの利用代金を確実に回収できるという利点がある（もっとも，カード発行会社に定められた手数料を支払わなければならないが）。

5 クレジット・カードなど 157

| クレジット・カードの
問題点 |

このように，クレジット・カードは現代の消費生活にとってとても便利なものであるが，必ずしもよい点ばかりではなく，いくつかの問題がある。まず，簡単にカード会員としてカードを入手することができ（カード会社は，入会にあたって，信用力などについての審査を行ってはいるが，それほど厳格なものではない），手軽に利用できるために，多額のカード債務を抱え，返済ができない状態に陥る債務者（多重債務者）が少なくなく，大きな社会問題となっている。また，カードを紛失したり，盗難にあったりして，それが不正に使用された場合に，カード保有者が責任を負わなければならないことも問題である。もっとも，これについては，ほとんどのカード会社が約款の規定を改定し，現在では，消費者が紛失や盗難の事実を通知すれば，不正に利用されたことによる損失を負担しないでよいように改められている。むしろ，カードを他人に使用させ，後から紛失の通知をして，支払義務を免れるようなことが行われ，この制度が悪用される弊害が問題となっている。

| デビット・カード |

デビット・カードというのは，クレジット・カードと同じような仕組みで売買代金などを支払うものであるが，カードの利用時点において，即時に預金口座から利用代金額が引き落とされるものである。少額の利用など現金に代わるものとして普及している。

| 電子マネー |

最近，利用が広がっている支払方法として，電子マネーというものがある。銀行振込み，クレジット・カードなどにおいても，金額，依頼人，受取人などのデータを電子化し，コンピュータによる通信を用いたデータの交換が広く行われているが（従来は，紙に書かれたデータ

158　第11章　債務の弁済

によってこれらの事務処理が行われていた），電子マネーはそのような新しい技術の利用をさらに進めたものである。すなわち，少額の支払いのために紙幣や貨幣の代わりにICカード(現在のクレジット・カードやキャッシュ・カードと同じようなプラスチック・カードにICチップを埋め込んだもの）を利用しようとするものである。また，カードを用いることなく，パソコンや携帯電話などによりインターネット上で利用できる電子マネーもある。

　従来は，事業者に対する支払いのために利用されてきたが，最近では個人間の金銭の支払い（割り勘による精算）などにも利用されている。

　具体的なシステムについては，いろいろなものが考えられているが，クレジット・カードの問題点と同じような法的な問題点（第三者による不正利用，盗難・紛失の場合の処理など）についての検討が必要である。すでに，クレジット・カード，プリペイド・カードなどに電子マネーの機能を付加したものが実際に利用されるようになっている。たとえば，鉄道運賃の支払いに利用されているSuicaなどがその代表的な例である。

売買代金の支払方法

●設例についての考え方

　通常は，売買契約の当事者間において，代金の支払方法・支払時期等が合意によって定められている。もし，そのような合意があれば，Aはそれに従って代金をB会社に支払えばよい。たとえば，現金で支払う旨の合意があれば，現金で支払えばよいし，銀行振込みによる旨の約束があれば，代金を指定された銀行口座に振り

売買代金の支払方法　159

込めばよいであろう。とくに，合意がなければ，現金で支払うのが原則であろう（民法555条の「代金」というのは基本的には金銭＝現金を考えているものと解することができよう）。ただし，小切手・銀行振込みなど他の方法によっても，B会社がそれを弁済として受領したのであれば，有効な弁済となると考えてよい。

第 12 章

家　族

1　家　族　法
2　親　族
3　夫　婦
　　① 婚　姻
　　② 離　婚

✎　有責配偶者の離婚請求
　　―設例についての考え方

A男は，妻であるB女と不仲になり，家を出てC女と同
棲生活を送っている。そのような状態が20年以上経過して
いる。また，AとBとの間に子はいないが，AとCとの間
には子がいる。このような状況において，AはBに離婚を
請求できるか。

1 家 族 法

───────
家族法の意義
───────

　前述のように，民法は，5編からなって
いるが，第4編「親族」には，夫婦・親
子など家族関係に関する規定が置かれている。また，第5編「相
続」には，相続・遺言などに関する規定が置かれている。これ
ら2編は，一般に家族法（あるいは身分法）と呼ばれ，第1編か
ら第3編までの財産法と対置されている（第1編「総則」は民法
全部についての総則であるが，財産法的な規定が多い）。なお，外国
で家族法というときには（family law（英），droit de la famille（仏），
Familienrecht（独）），相続法を除外していることが多いようであ
るが，日本では，相続法を含めて家族法ということが通常の用語
法である。

　このように，民法が財産法と家族法に2分されているのは，そ
の両者において基本的な原理の違いがみられるからである。すな
わち，財産法では，所有権絶対の原則・契約自由の原則・過失責
任主義の原則がその基本的な原理としてあげられている（第2章
参照）。それに対して，家族法では，個人主義の原則・男女の平
等の原則・子の利益がその基本的な原理とされている。このよう

162　第12章 家　族

な基本的な原理の違いは，財産法と家族法がそれぞれ異なる領域であることによるもので，両者が矛盾することを意味するものではない。

| 個 人 主 義 |

ここで，個人主義というのは，個人の自由な意思による決定を尊重することを意味する。具体的には，婚姻・養子縁組・遺言など家族法上の行為が個人の自由な意思決定によってなされるべきことを規定し，その意思決定に対して国家や家族の中の年長者（父母など）が介入することをできる限り排除している。

　明治民法（明治31年）においては，いわゆる「家」制度が存在し，家族の長である戸主の家族に対する支配権を認めていたが，第2次大戦後の民法改正においては，このような「家」制度は，個人主義を定める憲法24条に反するものとして，廃止され，個人主義の原理に立脚した新しい親族法・相続法が制定された。すなわち，憲法24条においては，婚姻が両性の合意のみに基づいて成立すべきこと（同条1項），家族に関する法律が個人の尊厳と両性の本質的平等に立脚して制定されるべきこと（同条2項）を規定している。さらに，民法2条において個人の尊厳と両性の本質的平等が民法の解釈原理となるべきことを規定している。

| 男女の平等 |

男女の平等というのは，性による差別をしないことを意味するものであるが，歴史的には，日本ばかりでなく，多くの国において長い間女性に対して男性の優位性が認められてきた。わが国でも，明治民法の中に男性の優位性が明示的に規定されていた。たとえば，家族において，妻に対して夫が一定の権限を有し（夫権と呼ばれる），子に対して父が一定の権限を有するものとされ（父権と呼ばれる），妻

1 家 族 法 163

や子は夫や父に服従し，その庇護のもとに生活するものとされてきた。しかし，これに関しても，第2次大戦後の民法改正によって，男女の平等がはかられるに至った。すなわち，夫婦間においては夫と妻とは完全に対等なものと規定されている。たとえば，民法752条は，夫婦の同居，協力および扶助義務を規定しているが，夫婦が完全に平等であることを当然の前提としている（フランスでは比較的最近までは，家族の居住場所の決定に関して，夫に優越的な地位を認めていた）。そして，親子間においては，父と母が子に対する親権を共同で行使する旨を規定しているが（民法818条），このことは，父と母が平等に子に対する監督権限を有することを意味するものといえよう。

なお，日本では第2次大戦後の民法改正により，男女の平等はかなり徹底してはかられているが，西欧においては第2次大戦後も男女の不平等は多少残っていて，完全な男女の平等を定める改正がなされたのは，比較的最近のことである。もっとも，このことは，日本において男女の平等が完全に達成されていることを意味するものではない。たとえば，民法750条は，夫婦の氏について，夫婦は婚姻に際して夫または妻の氏のいずれかを選択しうることを規定している。とくに夫の氏を優位に扱っているものではないが，実際には夫の氏を称する婚姻が大部分であり，実質的な平等が存在するとは必ずしもいえない。平成8年に法制審議会総会で決定された婚姻等の改正要綱で，夫婦の別姓が認められていたのは，このような実状を踏まえて夫婦の実質的な平等を保障しようとするものである。

子の利益

これらの2つに加えて第3の基本的原理は，子の利益である。従来は，必ずしも

164　　第12章　家　　族

子の利益を基本的原理の一つとして考えることは一般的ではなかったが，近時の立法，判例および学説では，解釈原理として子の利益（あるいは子の福祉と表現される）があげられることが少なくない。親子法，親権法などの分野では，子の利益を優先して判断されなければならないことを明文で示している規定が多くみられる。また，そのことが明示されていなくても，子の利益を優先しなければならないと解釈されていることもある。たとえば，昭和62年の養子制度に関する民法改正によって新たに導入された特別養子制度において，民法817条の7は，「特別養子縁組は，父母による養子となる者の監護が著しく困難又は不適当であることその他特別の事情がある場合において，子の利益のため特に必要があると認めるときに，これを成立させるものとする」と規定している。あるいは，平成23年の親権制度に関する改正により，民法820条に「子の利益のために」という文言が挿入され，親による親権の行使が子の利益のために行われなければならないことを明確にした。さらに，令和6年改正において，父母の離婚後等の子の養育に関して，子の利益を確保する観点から，親の責務を明文化するなどの見直しが行われた（民法817条の12等）。このように，今日では，家族法における基本的原理として，子の利益は重要な意義を有している。

2 親 族

| 親 族 |

家族法においては，夫婦とその間の子から構成される家族という集団を基礎に，個人と個人との間の法的な関係を規律している。もっとも，民法

2 親 族 165

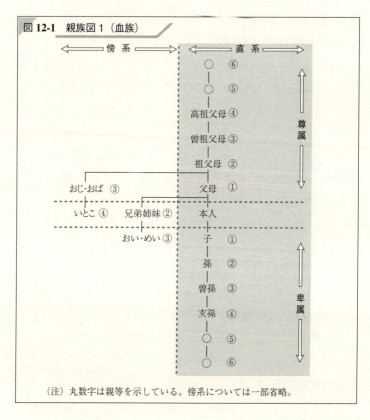

図 12-1 親族図 1（血族）

（注）丸数字は親等を示している。傍系については一部省略。

の中に家族を定義する規定は存在せず，親子のように血縁によって自然に生ずる関係と婚姻によって人為的に生ずる関係を中心に親族関係が定められている。

民法725条は，親族の範囲を定めている。すなわち，6親等内の血族，配偶者，3親等内の姻族が親族とされている。

血族，直系・傍系，尊属・卑属

血族というのは，父母と子，祖父母と孫，兄弟姉妹，おじ・おば（伯父伯母・叔父叔母）とおい・めい（甥姪）などのように，本

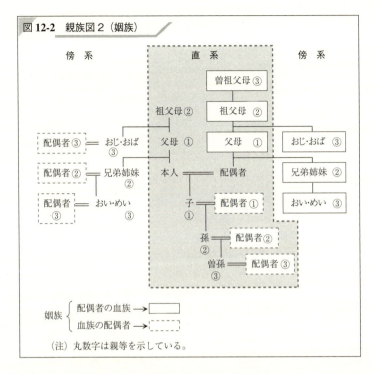

図 12-2　親族図 2（姻族）

来は血のつながりのある者をいう。養子縁組によって、このような関係を生ずる場合にも血族とされる。そこで、とくに養子縁組による血族を法定血族といい、本当に血のつながりのある血族を自然血族という。**図 12-1**において、実線で示されているのが血族である。いうまでもなく、このような関係は、双方向的なものであるから、父母からみて子が血族であることは、子からみて父母が血族であることでもある。

父母と子、祖父母と孫のように、血族関係が上下に一直線で示されている関係を直系血族という。これに対して、兄弟姉妹、おじ・おばとおい・めい、いとこ（従兄弟・従姉妹）同士のように、

共通の祖先から分かれている関係を傍系血族という。また，自分からみて，父母，祖父母，おじ・おばのように，自分よりも上に位置する者を尊属といい，子，孫，おい・めいのように，自分よりも下に位置する者を卑属という。なお，傍系血族の上下については，共通の祖先により近い方が上であり（尊属），より遠い方が下である（卑属）。兄弟姉妹，いとこ同士については，このような上下関係はないから，尊属でも卑属でもない。また，尊属と卑属は相対的な関係であるから，父母からみて子は卑属であるが，子からみて父母は尊属である。

配偶者・姻族

配偶者というのは，婚姻の相手方，すなわち，夫からみた妻あるいは妻からみた夫をいう。図 **12-2** では，二重線で示されている。

姻族というのは，婚姻によって配偶者の血族との間に生ずる親族関係をいう。すなわち，自分からみて配偶者の血族が姻族である。姻族関係も，血族関係と同じように双方向的なものであるから，自分の配偶者の血族からみれば自分が姻族であることになる。結局，このことは，配偶者の血族だけでなく，血族の配偶者も姻族であることに帰着する。

親　　等

民法は，親族間の遠近を測るのに，親等という概念を用いている。すなわち，親等というのは，その遠近を数値で示したものである。親等の数え方については，歴史的にいろいろな主義，考え方があるが（必ずしも血縁関係の遠近によらない），日本の民法の親等は，ローマ法主義を採用したものであり，民法726条にその計算方法が定められている。それによれば，親族間の世代数（親子関係の数）を数えて，親等を定めるのである。たとえば，父母と子は1親等である。

祖父母と孫は2親等である。直系血族の場合には，その間の親子関係を数えていけばよく，とくに問題を生じない。傍系血族の場合には，問題となる2人の一方から共通の祖先までさかのぼってその世代数を数え，さらにもう一方へ至るまで下ってその世代数を数えることになる。たとえば，いとこ同士の場合には，自分から共通の祖先である祖父母までさかのぼって数え（2親等），そこからいとこまで下って数えるから（2親等），結局4親等になる。

　姻族については，血族の親等による。すなわち，自分の配偶者の血族（自分からみれば姻族である）については，配偶者を基準に親等を計算すればよい。また，自分の血族の配偶者については，自分の血族を基準に親等を計算すればよい。

3 夫　婦

① 婚　姻

> **婚姻の意義**

婚姻というのは，社会的な制度として承認された男女の性的結合関係を意味するものである。歴史的には，乱婚・群婚などいろいろな形態のものが存在していたとされるが，現代においては，個人婚としての一夫一婦制をとる国が多い。婚姻は，どこの国にも存在する制度であるが，細かな点では，国によって異なっている点が少なくない。とくに，多くの国においては，宗教の影響がかなり強く存在している。たとえば，西欧においては，キリスト教の影響がみられ，イスラム教の諸国では，イスラム教の影響がみられる。これに対して，日本の婚姻制度においては，宗教の影響があまりみられないことが一つの特色である。

婚姻の成立

婚姻は，戸籍法の定めるところにより届け出ることによって成立する（民法739条）。婚姻の届出が受理されるためには，民法731条以下に定める実質的な要件がみたされていなければならない。これらの要件は実質的要件と呼ばれるが，多くの場合に婚姻できない事由（婚姻障害）として規定されている。これらの事由は，道徳的な根拠・優生学的な根拠に由来するものである。

第1に，男女ともに満18歳にならなければ，婚姻をすることができない（民法731条）。第2に，配偶者のある者は重ねて婚姻をすることができない（民法732条）。いったん婚姻した者であっても，相手方配偶者の死亡または離婚によってその婚姻が解消すれば，再婚することは可能である。かつては，女性が再婚する場合には，再婚後に生まれてくる子の父を決定することを可能にするために，多くの国で一定の期間再婚を禁止していた。しかし，最近では，この制度を廃止する国が増え，日本でも，再婚禁止期間（待婚期間とも呼ばれる）を短縮する改正を経て（2016年），2022年に廃止されるに至った。第3に，一定の親族関係にある者の間の婚姻が禁止されている（民法734条～736条）。すなわち，直系血族間（たとえば祖父母と孫など）の婚姻，3親等内の傍系血族間（たとえば，おじとめい，おばとおい）の婚姻，直系姻族間（たとえば，子の配偶者と父）の婚姻などが禁止されている。

同性婚

婚姻は男女間で行われることは自明の理であって，フランス民法以来，近代の民法典において，婚姻が男女間でなければならないことは明記されていなかった。しかし，社会における性道徳の変化を受けて，同性婚の是非が議論されるようになった。すなわち，同性の結合に

170　第12章　家　族

対して，男女の結合と同じ扱いをすべきであるという考え方が次第に社会に浸透するようになったのである。そして，2000年に初めてオランダで同性婚が認められるに至り，その後ベルギー，スペイン，フランスなど多くの国で同性婚が認められるようになった。このような世界の動向の影響を受け，日本においても，同性カップルに対して自治体が婚姻と同等であることを認める証明書を発行したり，同性婚を認めない法律は憲法に反すると主張して訴訟が提起されたりするなど，社会的な問題となっている。

| 婚姻の効果 | 婚姻が成立すると，夫婦間においてその身分関係および財産関係に関して，一定

の法的な効果が発生する。身分的な効果としては，次のようなものがある。第1に，夫婦の氏の共同（民法750条）である。すなわち，夫婦は同一の氏を称するが，婚姻の時に夫または妻の氏のいずれかを夫婦の氏として選択しなければならない。なお，法制審議会が平成8年に決定した改正要綱では，夫婦別姓を選択できるとしていたが，その改正は実現していない。当時は，必ずしも夫婦別姓が社会において大きな支持を得ているとはいえなかったが，最近では，認めるべきであるとする意見が強く主張されるようになっている。ただし，最高裁は，夫婦同氏を定めた民法750条は憲法に反しないとしている（最大判平成27・12・16民集69巻8号2586頁）。第2に，同居・協力・扶助義務（民法752条）である。すなわち，夫婦は同居し，協力して婚姻生活を営み，相互に扶助する義務を負うものとされている。第3に，貞操義務である。民法は配偶者に対して貞操義務を負っていることを直接に規定しているのではないが，民法770条1項1号において配偶者の不貞行為を離婚原因としていることから貞操義務が認められる。

3 夫 婦 171

夫婦財産制　財産的な効果としては，夫婦財産制がその中心である。夫婦財産制というのは，婚姻している夫婦間の財産関係（とくに婚姻中に取得した財産の帰属）を定める制度である。

　西欧では，婚姻に際して夫婦の財産関係について合意する慣習があり，それをもとに夫婦財産制に関して詳細な規定が民法に置かれている。一般に，いくつかの類型を民法典に定め，婚姻に際して夫婦財産契約によりそのいずれかを選択できるとし（約定夫婦財産制），婚姻に際して夫婦財産契約が締結されない場合には，法定夫婦財産制が適用されると定められている。そして，婚姻に際して選択された夫婦財産制を後から変更することはできないのが原則である（最近では，フランスのように婚姻中にその変更を認める立法例もある）。

　これに対して，日本では，夫婦財産制の慣行が存在しないので，とくに類型を定めることはせず，当事者が自由に夫婦財産制を合意により定めることができるとし（民法755条），そのような合意がない場合には，わずか3カ条からなる法定夫婦財産制が適用されるとしている。そして，法定夫婦財産制と異なる夫婦財産契約をしたときは，婚姻の届出までにその登記をしなければ第三者に対抗することができない（民法756条）。実際には，婚姻に際して夫婦財産制についての合意をする例はほとんどない。

法定夫婦財産制　法定夫婦財産制の内容は次のとおりである。第1に，夫婦は婚姻の費用（夫婦および親子の生活の費用）を分担する（民法760条）。この規定は，夫婦が等しい額の費用を負担することを意味するものではなく，分担方法は夫婦の資産，収入等一切の事情を考慮して定められるも

172　第12章　家　　族

のである。たとえば，もっぱら夫が外で働いて得た収入によって家族が生活している場合であっても，妻も家事労働や育児を引き受けることによって，婚姻の費用を分担しているといえる。第2に，夫婦の一方が日常の家事に関して，第三者と法律行為をした場合には，これによって生じた債務については，他方の配偶者も連帯責任を負う（民法761条）。たとえば，妻が米を買った場合には，その代金について売買の当事者である妻だけでなく，夫も支払義務を負担する。第3に，夫婦の一方が婚姻前から所有していた財産および婚姻中にその名で得た財産は，その特有財産として単独で自由に管理・処分ができるが，夫婦のいずれに属するか明かでない財産は夫婦の共有と推定されている（民法762条）。

内　縁

なお，婚姻届を出さなければ婚姻は成立しないが（このような婚姻制度を法律婚主義という），婚姻届を出していない男女が，社会的には法律上の夫婦と同じように生活している場合がある。たとえば，結婚式や披露宴などを行いながら，婚姻届を怠っている場合などである。このような男女は，内縁の夫婦と呼ばれるが，単なる同棲ではなく婚姻に準ずるものとして，一定の保護が与えられている。とくに，年金など社会福祉関係の法律では，法律上の配偶者と内縁の配偶者を同等に扱っていることが少なくない。

② 離　婚

離婚の意義

離婚というのは，婚姻関係を解消することである（なお，配偶者の一方が死亡した場合にも婚姻は解消する）。ここで，婚姻が解消するということは，夫婦であった者が婚姻関係の制約から解放されることを意味する。

3 夫　婦　173

たとえば，夫婦間の同居・協力・扶助義務が消滅する（離婚した配偶者が生活に困窮しているからといって，かつての他方配偶者がその扶養義務を負うことにはならない）。また，貞操義務も当然に消滅し，別の者と再婚することが可能になる。

婚姻も，夫婦となる者の合意によって成立するのであるから，広い意味において契約の一種であるといえる。しかし，財産法上の契約においては，契約関係を終了させることは比較的容易に認められている（解除と呼ばれる）。とくに契約当事者がその合意によって契約関係を解消することは，原則として自由に認められている。これに対して，婚姻の場合には，必ずしもその解消すなわち離婚は自由ではない。なぜならば，離婚によって配偶者の一方（一般的には妻）が著しく不利益を受ける場合があるからである。

日本では，明治時代以前においても離婚は認められていたが，西欧では，離婚が認められるようになったのは比較的最近のことである。すなわち，歴史的には，国家ではなくキリスト教会が身分関係を支配しており，そこでは，婚姻は秘蹟（サクラメント）の一つとして終生継続するものであって（婚姻は終生寝床と食事を一緒にするものと観念されていた），離婚を認めていなかった。たとえば，フランスでは1789年のフランス革命を経て，法律の規定によって婚姻関係を民事上のものと明定し（婚姻というものが宗教的な行為ではなく，非宗教的な世俗の世界の問題であるとする趣旨），キリスト教会から国家の支配する領域に取り込むと同時に，離婚制度を導入した。しかし，イタリア，スペインなどキリスト教（カトリック）の影響の強い南ヨーロッパ諸国やその旧植民地であった南米においては，1960年代の終わりごろからようやく離婚制度が認められるようになった。たとえば，イタリアでは，

174　第12章　家　族

1970年に離婚法が制定されたが，離婚を婚姻の効果が民事上停止することととらえており，この点は，キリスト教の影響が強いことを示している。

離婚原因

離婚制度が認められるようになっても，離婚の認められる事由はかなり限定されていた。すなわち，いったん合意によって婚姻したにもかかわらず，配偶者の一方の意思だけで自由に離婚を認めるべきではないと考えられてきたからである（一方的な意思のみによって自由に認められる離婚は単意離婚あるいは追出し離婚と呼ばれる）。そこで，離婚の事由を合理的な場合に限定することによって，離婚を望んでいない相手方の保護をはかっている。

離婚制度が認められた当初においては，たとえば，夫が妻以外の女性と性的な関係をもつ場合などのように，夫婦の一方が婚姻関係を破綻させた場合に，他方配偶者がそのことを理由に離婚を請求できるとする有責主義がとられてきた。その後，離婚事由は次第に拡大されてきたが，その傾向は1970年前後から欧米において顕著にみられるところである。その結果多くの国で，婚姻関係が破綻しているという客観的事実のみによって離婚を認めるという破綻主義がとられるようになった。そして，婚姻関係の破綻というのは，事実上の別居が一定期間（国によって長短の差異はあるが）継続することとされている。このことは，たとえば，設例のような場合に，AのBに対する離婚請求が認められる可能性のあることを意味する。

ただし，単意離婚は認められないという原理は依然として認められていて，破綻主義を認めながら，離婚を強いられる相手方配偶者の保護のための規定が置かれていることが多い。一つは，婚

3 夫　婦　175

姻が破綻しているにもかかわらず，離婚が相手方配偶者に著しい不利益をもたらす場合には，離婚を認めないとすることである（苛酷条項と呼ばれる）。もう一つは，離婚によってもたらされる財産的な不利益を相手方に負わせないとすること（離婚を請求した者がその負担をすること）である。たとえば，離婚を請求した配偶者は，離婚後においても相手方に対する扶養義務を負っているとすることなどがみられる。

協議離婚

日本の民法では，夫婦の合意によって自由に認められる協議離婚と一定の離婚事由のある場合に裁判によって認められる裁判離婚とが定められている。欧米においても両当事者の合意による離婚を認めていることは少なくないが，両当事者に離婚をする意思が真に存在するかを，裁判所が確認することを規定していることが多い。たとえば，フランスでは，夫婦が離婚に同意している場合であっても，夫婦が共同で裁判所に離婚の申立てをして，離婚判決を得なければならないとされている。ところが，日本では，当事者間の合意を届け出るだけで自由に離婚することを認め，その意思が確実であるかどうかを確認する制度をとっていない。そのために，相対的に弱い配偶者（多くの場合は妻）が離婚を望んでいないのにそれを押しつけられるおそれがある。ただ，このような簡潔で，費用のかからない離婚方法が認められているために，離婚総数の中で協議離婚が9割を占めている。

破綻主義

日本の民法では，裁判離婚における離婚事由（離婚原因）を比較的広く認めているが，完全な破綻主義を認めるには至っていない。民法770条1項は，4つの離婚原因を定めている。第1に，配偶者に不貞な行

176　第12章　家　族

為があったときである。第2に，配偶者から悪意で遺棄されたときである。第3に，配偶者の生死が3年以上明らかでないときである。第4に，その他婚姻を継続しがたい重大な事由があるときである。なお，第1から第3までの場合にも，裁判所は，一切の事情を考慮して婚姻を継続させることが相当であるときには，離婚の請求を棄却することができる（同条2項）。

離婚の効果

離婚の効果は，すでに述べたように，婚姻関係が解消することであるが（すなわち，氏の共同などの婚姻の効果が消滅する），さらにいくつかの重要な効果が生ずる。まず，配偶者の一方は他方に対して財産分与の請求ができる（民法768条1項）。財産分与の性格については，婚姻を破綻させたことに対する慰謝料・離婚後の扶養料・婚姻中の夫婦財産制の清算などの意味を有するものと考えられている。当事者の協議が調わない場合，または協議をすることができない場合には，家庭裁判所に対して，それに代わる処分を請求することができる（同条2項。ただし，離婚の時から5年以内に限る）。家庭裁判所は，婚姻中に取得し，または維持した財産に対する寄与度，婚姻の期間等一切の事情を考慮して分与させるべきかどうかということと，分与の額および方法を定める。そして，各当事者の寄与の程度が明らかでないときは，その寄与の程度は等しいものと定められている（同条3項）。また，未成年の子がある場合には，その双方または父母の一方が親権者と定められる。協議上の離婚では父母の協議で親権者を定めるのであるが（民法819条1項），協議が調わないときは，家庭裁判所は，父または母の請求によって，協議に代わる審判をすることができる（同条5項）。そして，裁判上の離婚では，裁判所が親権者を定める（同条2項）。従来は，

3 夫 婦 177

離婚後は，父または母のいずれか一方を単独の親権者とする制度であったが，令和6年の改正により，離婚後においても共同親権とすることができるようになったのである。なお，裁判によって親権者を定める場合において，子の利益のために裁判所が考慮すべき要素についても詳細に定められている（同条7項）。そして子の監護権者，父または母と子との交流，監護費用の分担等，監護に必要な事項を定めなければならない（民法766条1項）。その場合には，子の利益を最も優先して考慮しなければならない。

有責配偶者の離婚請求

●設例についての考え方

設例は，いわゆる有責配偶者の離婚請求と呼ばれる問題である。歴史的にみると，離婚原因について有責主義から破綻主義へと変化してきたのであるが，有責主義のもとにおいては，婚姻の破綻について無責の配偶者が有責の配偶者に対して離婚を請求するものと考えられる。日本の民法770条1項に定める離婚原因には，破綻主義的な原因も含まれているが（たとえば，配偶者の生死不明），判例は，婚姻の破綻について有責の配偶者が無責の配偶者に対して離婚を請求することを認めていなかった。しかし，昭和62年の最高裁判所大法廷判決は，従来の判例を変更し，事実上の別居が長期間に及んでいること，夫婦間に未成熟子（親から独立して生計を営むことができない子）がいないこと，相手方配偶者が離婚により苛酷な状況に置かれないことなどの事情が存在する場合には，有責配偶者からの離婚請求を認められるとするに至った（最大判昭和62・9・2民集41巻6号1423頁）。諸外国において，破綻主

義的な立法の改正がなされ，事実上の別居が一定期間継続した場合に，当事者の有責性を問題にすることなく離婚が認められるようになったが（しかも，離婚が認められるのに必要な別居期間が次第に短くなっている），そのような考え方が日本の判例にも影響を与えているものと思われる。

　新しい判例のもとにおいては，設例のような場合に，Aからの離婚請求も認められるといえよう。なお，日本においても，このような諸外国の立法動向，判例を踏まえて，民法を改正し，新たに破綻離婚を認めることが平成8年の法制審議会総会で決定されているが，未だ実現していない。

◇ドイツ民法典（BGB）

フランス民法典が制定された19世紀初頭において，ドイツでは法的な統一はなかったが，ローマ法がさまざまな領邦に共通の法として通用していた（ローマ法の継受と呼ばれる）。ローマ法とくにユスティニアヌス法典の中の学説彙纂（パンデクテン（Pandectae）またはディーゲスタ（Digesta）と呼ばれる）の研究を中心に，パンデクテン法学と呼ばれる私法体系が形成されていた。

フランスの影響を受け，ドイツでも，民法典を制定し，法の統一をはかるべきであるとする意見と国家が統一されていない段階で民法典を制定することは時期尚早であるという意見とが対立し，その間で論争が行われた（法典論争と呼ばれている）。

その後，1896年に制定された民法典は，パンデクテンの体系に従い，総則，債務法，物権法，親族法および相続法の5編からなっている。フランス民法典はユスティニアヌス法典の中の法学提要の編別に従ったものであるが，夫婦財産契約が売買契約などと並んで，契約の一類型とされていること，相続が契約と同じように所有権取得の一方法とされていることなどの点から体系的に問題があると批判されている。これに対して，ドイツ民法典の編別は，体系的に遙かに優れているものと評価されている（もっとも，総則編はドイツ民法典に特有のものであり，ドイツ法学の抽象化能力を示すものである）。そこで，20世紀には，ドイツ民法典が諸外国に大きな影響を与えることとなった。中には，フランス民法典にならった民法典を全面的に改正し，ドイツ民法典にならった新民法典を制定した国もある。

日本でも，旧民法の編別はフランス民法典を基礎にしたものであったが，現行の民法の編別は，ドイツ民法典にならったものである。

そして，ドイツ民法典も，多くの改正を経て，現在でも実定法として存在しているが，その内容は制定当初とは大きく異なっている。家族法の分野における度重なる改正のみならず，2001年の債務法改正は，その分野における大規模な改正であり，日本における債権法改正にも大きな影響を与えている。

第 13 章

親子・扶養

1 親 子 関 係
　① 実　　子
　② 養　　子
　③ 生殖補助医療により生まれた子
2 未成年者と父母の親権
3 親族（扶養）
📝 養子縁組の要件─設例についての考え方

AとBは，結婚してから10年以上経っているが，子がなかった。そこで，Aの弟であるCとD夫婦の間の子である10歳のE（Aのおいになる）を養子にしたいと考えた。どのような手続をとればよいか。

1 親子関係

家族関係の中で，夫婦の関係と並んで親子の関係にもいくつかの重要な問題がある。第1に，法律上の親子関係がどのように生ずるかが問題となる。親と子の間に血のつながりのある場合と必ずしも血のつながりのない場合とがある。前者は実子と呼ばれ，後者は養子と呼ばれる。第2に，法律上の親子関係が認められる場合に，その具体的な内容がどのようなものであるのかである。とくに，親すなわち父母が子に対してどのような権限を有しているかが問題となる。

① 実　子

嫡　出　子

社会では，法律上の婚姻関係にある夫婦間に生まれた子がその夫婦間の嫡出子であると考えられている。しかし，母が子を懐胎してからその子が出生するまでの間に一定期間（約280日）を要することから，その子の親子関係および嫡出性を法律でどのように定めるかは難しい問題である。民法では，妻が婚姻中に懐胎した子を夫の子と推定するだけでなく，婚姻前に懐胎した子であって，婚姻が成立した後に生まれたものも夫の子と推定している（民法772条1項）。

182　第13章　親子・扶養

ただし，妻が婚姻前に懐胎したか婚姻後に懐胎したかは必ずしも明確ではない。そこで，婚姻の成立の日から200日以内に生まれた子は，婚姻前に懐胎したものと推定し，婚姻の成立の日から200日を経過した後または婚姻の解消もしくは取消しの日から300日以内に生まれた子は，婚姻中に懐胎したものと推定している（同条2項）。まず，子の出生した日から懐胎の時期を推定し，次に，婚姻中に懐胎した子，婚姻前に懐胎した子であって婚姻後に出生したものを夫の子と推定しているのである（二重の推定が働いている）。このように，嫡出子と推定される子については，それ以上に親子関係を成立させる手続を要せず，当然に夫婦間の嫡出子として扱われる。

　かつては，女性について，再婚禁止期間が設けられていたために（民法733条），前婚の夫と後婚の夫について，嫡出推定が二重に及ぶことはあり得なかったが，令和4年改正により，同条が削除されたことから，このような場合には，出生の直近の婚姻における夫の子と推定する規定が設けられた（民法772条3項）。

　もっとも，民法772条は，夫の子であることを推定する趣旨であるから，夫の子と推定された子が夫の子でない場合には，その子が嫡出子であることを否認して，親子関係を否定することができる（民法774条）。ただし，その手続については，厳格な要件が定められている。なお，伝統的に，否認権を行使できるのは，父とされた夫に限られていたが，令和4年改正により，父だけでなく，子，母および前婚の夫にも否認権行使が認められるようになり，真実の父子関係が認められやすくなった。

　まず，嫡出否認は，訴えによらなければならない（民法775条）。その訴えは，子の出生の時（子または母が訴える場合）または子の

1 親子関係 183

出生を知った時（父または前夫が訴える場合）から3年以内に提起しなければならない（民法777条）。また，父または母は，子の出生後においてその嫡出であることを承認したときは，もはや否認することができない（民法776条）。

このように，嫡出子の制度は，父と子の自然的な親子関係を基礎として，法律上の父子関係を確立させることを目的としながら，子の身分関係をなるべく早く確定させることとの調整を図るものである。

嫡出でない子

これに対して，法律上の婚姻関係にない男女間において生まれた子は嫡出でない子（非嫡出子）である。このような子については，認知によらなければ法律上の親子関係は生じない（民法779条）。ただし，母子関係については，民法の規定にかかわらず，分娩という客観的な事実によって発生し，認知を要しないと解されている。したがって認知が問題となるのは父子関係である。

父の方から子を認める任意認知と子の方から請求する強制認知とがある。いずれにせよ，親が法律上の婚姻関係にない場合は，事実上の親子関係があっても，認知がない限り法律上の親子関係は発生しない。子の方からする認知請求は，父の死後3年を経過するまではいつでもできる（民法787条）。これに対して，父の方からする任意認知については制約がある（民法782条・783条）。たとえば，成年の子を認知するには，その子の承諾がなければならない。

184　第13章　親子・扶養

② 養　子

養子制度の意義

民法は，自然的な親子関係のほかに，人為的に法的な親子関係を創出することを認めている（民法792条以下）。すなわち，養親子関係である。養親子関係は，基本的に養親となるべき者と養子となるべき者との間の合意によって親子関係を成立させるものである。当事者間の合意に基礎をおいている点において婚姻と共通している。

このような養子制度が認められる根拠は，歴史的に変遷してきた。すなわち，かつては，養子制度は，子がいないことで，家あるいは家名が断絶することを避けるために，後継者のいない者が養子縁組によって，その後継者を得ることを目的とするものであると考えられていた。このような養子は，「家のための養子」と呼ばれている。その後，子のない者（夫婦）に子を与えることを目的とするものであると考えられるようになった。そこでは養子は，「親のための養子」と呼ばれている。しかし，その後親のない子に親を与えることを目的と考えるべきであるとされるに至った。すなわち，「子のための養子」制度であると解されている。

このような養子制度についての考え方は，養子に関する規定の解釈にも表れている。最近では，養子をめぐる法的な問題については，子の福祉の観点から解決されるべきであると主張されているが，これは「子のための養子」という考え方を基本とすべきことを意味するものである。

完全養子・不完全養子

このように，養子と養親との間には法的な親子関係が成立するのであるが，養子と実親との間の法的な親子関係については，2つの取扱いが考えられる。一方はその実親子関係が法的に存続するとするものであ

1 親子関係　185

り，他方はその実親子関係が法的に消滅するとするものである。一般に後者を完全養子と呼ぶのに対して，前者は不完全養子と呼ばれる。日本の民法では，従来前者のみが認められていたが，昭和62年の改正によって後者も特別養子という名称で認められるようになった（民法817条の2以下。そこで，従来の養子は普通養子と呼ばれている）。

その後，令和元年の改正によって，特別養子制度の対象年齢を拡張するとともに，家庭裁判所の手続を合理化して，養親となる者の負担軽減が図られた。

普通養子制度は，基本的に婚姻と同じような仕組みによっている。すなわち，養子となる者と養親となる者との間の合意（縁組と呼ばれる）によって成立する。養親となる者は20歳に達した者でなければならないが（民法792条），養子となる者については年齢の制約はない。ただし，養親となる者の尊属または年長者であってはならない（民法793条）。また，養子となる者が15歳未満であるときは，その法定代理人がこれに代わって承諾することができる（民法797条）。そして，未成年者を養子とするには，家庭裁判所の許可を得なければならない（民法798条）。

縁組が成立すると，養子と養親との間には嫡出親子関係が発生するから（民法809条），養親の親族との間についても親族関係が発生することになる。縁組の解消については，縁組当事者間合意による協議離縁（民法811条）と一定の事由がある場合における一方の訴えによる裁判上の離縁（民法814条）とがある。裁判上の離縁の原因として，3つの事由が定められている。第1に，他の一方から悪意で遺棄されたときである。第2に，他の一方の生

死が3年以上明らかでないときである。第3に，その他縁組を継続しがたい重大な事由があるときである。

特別養子

特別養子縁組は，主として幼児を養子とすることから，普通養子縁組と異なり，養親と養子との間の合意を基礎とするものではなく，一定の要件のある場合に，養親となる者の申立てに基づき，家庭裁判所が養子縁組を成立させるものである（民法817条の2第1項）。第1に，養親となる者は配偶者のある者でなければならず，配偶者とともに養親となるのが原則である（民法817条の3）。第2に，養親となる者は，25歳以上でなければならない（民法817条の4）。第3に，養子となる者が原則として15歳未満でなければならず（民法817条の5第1項），例外的に15歳以上でも認められる場合があるが，18歳未満でなければならない（同条2項）。そして，養子となる者が15歳に達しているときは，その者の同意がなければならない（同条3項）。第4に，原則として，養子となる者の父母の同意がなければならない（民法817条の6）。第5に，養子縁組が子の利益のために特に必要な場合でなければならない（民法817条の7）。

この場合には，養子と養親との間に嫡出親子関係が成立するだけでなく，養子と実方の父母およびその血族との間の親族関係が終了する（民法817条の9）。

特別養子縁組の離縁については，一定の事由がある場合に，養子，実父母または検察官の請求による裁判上の離縁だけが認められていて，当事者の合意による協議離縁，養親からの請求による裁判上の離縁は認められない（民法817条の10）。離縁が認められるためには，養親による虐待，悪意の遺棄その他養子の利益を著しく害する事由があること，実父母が相当の監護をすることがで

1 親子関係 187

きることのいずれにも該当し，養子の利益のために離縁がとくに
必要である場合でなければならない。

③　生殖補助医療により生まれた子

生殖補助医療の
法的問題

人工授精をはじめとする生殖補助医療
（かつては，人工生殖という用語が用いられ
ていたが，現在では，不妊治療の目的で行
われるという趣旨から生殖補助医療という用語が広く用いられるよう
になっている）がもたらす法的な問題として，最も重要なものは，
どのような場合に生殖補助医療が許されるかという問題と生殖補
助医療により生まれた子の法的な親子関係という問題である。本
書では，主として，後者の問題を取り上げる。

生殖補助医療により生
まれた子の親子関係

ところで，人工授精，体外受精などの生
殖補助医療技術が発達し，それにより出
生した子の法的な親子関係をどのように
考えるかが大きな問題となった。

　諸外国においては，生殖補助医療をめぐる問題が裁判所で争わ
れることも少なくなく，その可否，出生した子の親子関係につい
て立法によって解決しているところもみられる。たとえば，夫婦
間で夫の精子による人工授精を行う場合のように（AIHと呼ばれ
る），人工生殖子とその子を育てようとする親（とくに父）との間
に自然的な親子関係が存在する場合には，あまり問題はない。し
かし，第三者の精子を利用して人工授精を行う場合（AIDと呼ば
れる），あるいは代理母による場合などのように，人工生殖子と
親との間に自然的な親子関係が存在しない場合には，法的な親子
関係をどのように考えるかが問題となる。

188　　第13章　親子・扶養

AID・代理母の法律問題

この問題は，法的な親子関係の基礎として，自然的な親子関係（いわゆる血縁関係）のほかに，当事者の意思（人工生殖に対する夫または妻の同意），社会からみて親子関係とみられる事実状態などをどこまで考慮すべきかという問題である。また，代理母については，分娩した者が必ずしも卵子の提供者でない場合もあり，問題を複雑にしている。

わが国では，日本産科婦人科学会の指針によって，人工授精のみが認められていて，代理母は認められていない（もっとも，日本人がアメリカなどで代理母出産によって子を得ている例はあるようである）。そして，人工授精により生まれた子は（AIDによる場合も含めて），事実上夫婦間の嫡出子として扱われている。

結局，この問題は民法学に課せられた将来の課題であると考えられてきた。

問題の顕在化と立法による解決

これまで，人工生殖子の親子関係について，立法による解決をはかるべきであるとする考えはそれほど強くなかったように思われる。実際に親子関係が争われることがほとんどなかったためであろう（たとえば，フランスでは，すでに1980年代から訴訟で争われる事件があり，1994年の法律および2004年のその法改正で立法による解決がなされている）。ところが，日本でも，夫の死後に凍結保存されていた精子を利用して妻が妊娠・出産した子が死後認知（民法787条但書参照）を請求した事件，夫婦がアメリカで代理母により得た子の出生届を区役所が受理しなかったのに対して，その受理を申し立てた事件などが裁判所に持ち込まれ，現行民法の規定により解決することの難しさが顕在化した。死後生殖の

1 親子関係 189

事件については，第一審で認知請求が棄却されたが，控訴審では，その請求が認容され，最高裁に上告受理申立てがなされた。最高裁は，「死後懐胎子と死亡した父との間の法律上の親子関係の形成は認められない」と判示し，認知請求が認められないことを明らかにした（最判平成18・9・4民集60巻7号2563頁）。

　また，代理母の事件については，第一審で却下されたが，抗告審でその申立てが認容され，最高裁への許可抗告の申立てがなされた。

　最高裁は，「出生した子を懐胎し出産した女性をその子の母と解さざるを得ず，その子を懐胎，出産していない女性との間には，その女性が卵子を提供した場合であっても，母子関係の成立を認めることはできない」と判示し，代理出産を依頼した夫婦の妻が法律上の母でないことを明らかにした（最決平成19・3・23民集61巻2号619頁）。

　他方，生殖補助医療に関する法的問題を立法により解決しようとする動きもみられた。すなわち，厚生労働省では生殖補助医療の規制について立法の検討がなされ，2003年に検討結果の報告書が公表されている。また，法務省では，それを前提として，生殖補助医療により生まれた子の親子法について立法の検討がなされ，2003年に中間試案が公表されたが，審議が中断したままになっていて，立法はなされていなかった。

　法務省の審議会では，第三者の提供した精子を利用する場合には（AIDがその典型である），施術に同意した夫を父とすること，第三者の提供した卵子を利用する場合には，分娩した女性を母とすることなどの規定を設けることが考えられていた。

　その後，性同一性障害により女性から男性に性別を変更した

190　　第13章　親子・扶養

者が女性と婚姻した後にその妻が第三者の精子による人工授精（AID）を受け，妊娠出産した子について，嫡出子であることを認めた最高裁の決定もなされている（最決平成25・12・10民集67巻9号1847頁）。

このように，多様な類型について，法的親子関係が問題となっているが，立法による解決が求められていたといえよう。

生殖補助医療により生まれた子の親子関係に関する特別法　以上のような経緯を経て，令和2年に，特別法が制定された。生殖補助医療の提供等及びこれにより出生した子の親子関係に関する民法の特例に関する法律（令和2年法律76号）である。生殖補助医療の提供等に関する章（基本理念，国や医療関係者の責務に関する規定にとどまり，具体的な生殖補助医療の要件を定めるものではない），生殖補助医療により出生した子の親子関係に関する民法の特例に関する章が含まれている。

親子関係に関する規定は，前述の法務省での審議結果に従ったものである。すなわち，第1に，女性が自己以外の女性の卵子を用いた生殖補助医療により子を懐胎し，出産したときは，その出産した女性をその子の母とする（特例法9条）。第2に，妻が，夫の同意を得て，夫以外の男性の精子を用いた生殖補助医療により懐胎した子については，夫，子または妻は，民法774条1項・3項の規定にかかわらず，その子が嫡出であることを否認することができない（特例法10条）。なお，この法律は，2年を目途として，見直しが検討されることが附則で定められている（附則3条）。

2 未成年者と父母の親権

> **親権の内容**

前述のように，未成年者についてはその行為能力が制限されており，その行為能力を補充するものとして親権者あるいは後見人の制度が置かれている（具体的には，これらの者が未成年者が行為をする際に，同意を与えて未成年者自身に行為をさせるか，未成年者に代わって行為をする）。

しかし，親権者あるいは後見人の権限は財産上の行為にとどまらず，未成年者の生活全体にわたるものである。たとえば，民法820条は，「親権を行う者は，子の利益のために子の監護及び教育をする権利を有し，義務を負う」と規定している（未成年者の後見人もこれと同じ権利義務を有する。民法857条参照）。

この規定にみられるように，親権というのは，権利として構成されているが，財産法上の権利とはかなり異なっている。すなわち，他人から支配されないという意味において親の子に対する権利であるが，子の利益のためにその権利を行使しなければならないという意味において，義務的な性格がかなり強いものである。そのことを明確にするために平成23年の改正において，民法820条に「子の利益のために」という文言が挿入され，さらに，令和6年の改正において，親権に関する原則を定めた民法818条について，これまで「成年に達しない子は，父母の親権に服する」としていた表現を「親権は，成年に達しない子について，その子の利益のために行使しなければならない」という表現に改めた。そして，親権の内容は，一般に身分上の監護権と財産上の管理権と

192　第13章　親子・扶養

から成っているとされている。具体的には，身分上の監護権としては，監護・教育権（民法821条），居所指定権（民法822条），職業許可権（民法823条）があげられる。また，財産上の管理権の内容については，民法824条以下に規定されている。親権者による親権の行使が困難あるいは不適当であって，子の利益を害するときは，家庭裁判所により，親権喪失あるいは親権停止（2年を超えない範囲内で）の審判がなされる（民法834条・834条の2）。

共同親権の原則

かつては，父だけが子に対する権限を有していたが（外国の立法例では父権と呼ばれていた），男女の平等を基本的な原則とする現代においては，未成年の子について，父母が共同で親権を行使するものとされている。民法818条1項・2項は，父母が婚姻中である場合について，この原則を定めたものである（また，親権が子の利益のために行使されなければならないことも明示されている）。そして，父母が離婚する場合には，いずれか一方を親権者と定めることとされていたが，令和6年改正によって，離婚後についても，共同親権制度を導入し，父母の双方またはその一方を親権者と定めることとなった（民法819条1項・2項）。

なお，嫡出でない子については，すでに述べたように，認知によって親子関係が発生するが（民法779条），母子関係については，分娩という事実によって発生すると解されていて，母が当然に親権者となり，父が認知しても，母が親権を行うことは変わらない。ただし，父母の協議またはこれに代わる審判によって父母の双方または父を親権者と定めることができる（民法819条4項・5項）。

また，子の利益のために必要があると認めるときは，家庭裁判所は，子またはその親族の請求によって親権者を変更することが

2 未成年者と父母の親権 193

できる（同条6項）。

| 後 見 制 度 |

そして，親権を行う者がいない場合には，後見が開始する（民法838条）。未成年者に付される未成年後見人は，親権者の指定または家庭裁判所の選任によって，定められるが（民法839条～841条），未成年後見人は，親権者と同一の権利義務を有するものとされている（民法857条）。すなわち，未成年者を監護・教育し，その財産を管理する。

なお，未成年者とともに，制限行為能力者の一類型である精神上の障害により事理を弁識する能力を欠く常況にある者（成年被後見人）の場合にも，後見人による後見（成年被後見人の療養・看護および財産の管理）が行われる（民法858条・859条。なお，第4章参照）。この場合の後見人はとくに成年後見人と呼ばれる。

また，成年被後見人ほどではないが通常人よりも精神的能力が劣っている者について，後見に類似するものとして，保佐および補助の制度が設けられている（民法876条以下。なお第4章参照）。

さらに，精神的能力が不十分な状態になった場合に備えて，公的機関の監督を伴う任意後見制度が特別法によって設けられている（任意後見契約に関する法律。第5章参照）。

3 親族（扶養）

自分一人の力で生活できない者がいる場合に，その者の生活をどのように援助するかについては，生活保護などの公的な扶助のほかに，民法では，私的な扶助として，親族間の扶養義務が定められている。

扶養義務の内容

夫婦間の扶養義務については，民法752条および760条に定められている。また，未成年の子については，親権者である父母の監護・教育の内容として，その子を扶養することが含まれ，その費用は婚姻費用の分担として処理されるものと考えられている。しかし，私的な扶助はこのような核家族の範囲にとどまらず，広く親族にまで及んでいる。すなわち，直系血族および兄弟姉妹の間には相互に扶養義務があるものとし，さらに，家庭裁判所は，3親等内の親族間においても，特別の事情がある場合には，扶養義務を負わせることができるとしている（民法877条）。

もっとも，いわゆる核家族内における扶養とそれ以外の親族間における扶養とでは，その内容を異にし，原則として，前者は，自分の生活と同程度の生活をさせる義務（生活保持義務と呼ばれる）であるのに対して，後者は，扶養義務者がその相応の生活を犠牲にすることなく要扶養者の生活を援助する義務（生活扶助義務と呼ばれる）にとどまると解されている。

養子縁組の要件

●設例についての考え方

A・B夫婦は，婚姻後10年を経過し，すでに20歳に達しているのであるから，養子をすることができる（民法792条）。また，EはA・Bのおいであるから，A・BがEを養子にすることは尊属養子および年長者養子の禁止にもあたらない（民法793条）。したがって，A・BがEを養子にすることは可能である。ただ，A・Bが夫婦であって，Eが未成年者であるから，A・B夫婦がともにEを養子とすること

が必要である（民法795条）。

　そして，養子縁組は養親となる者と養子となる者との間の合意によってなされるのであるが，養子となる者が15歳未満の場合には，その法定代理人が代わって縁組の承諾をすることができ（民法797条），また未成年者を養子とするときは家庭裁判所の許可を得なければならない（民法798条）。したがって，設例においては，Eに代わってその法定代理人であるC・Dが縁組について代諾することによって，養子縁組ができるが，家庭裁判所の許可が必要である。このような手続を経てA・BはEを養子とすることができるが，養子縁組が成立すると，EはA・B夫婦の嫡出子としての身分を取得する。ただし，これは普通養子であるから，Eは実父母であるC・Dとの間の法的な親子関係を失うものではない。なお，実父母との間の親子関係が失われる特別養子の制度があるが，設例ではEの年齢などその要件をみたさないと考えられる（民法817条の5・817条の7等）。

196　　第13章　親子・扶養

第14章

相 続

1 相　続
　① 相続の意義
　② 相続の根拠
　③ 法定相続と遺言相続
2 相続人と相続分
　① 相 続 人
　② 承認と放棄
　③ 相 続 分
　④ 遺 留 分
3 遺　言
🖉 法定相続─設例についての考え方

Aは，財産を残して死亡した。Aには，配偶者Bおよび子C・Dがいる。Aの財産はどのように相続されるか。

1 相　続

1　相 続 の 意 義

　相続というのは，ある人が死亡した場合に，その人（被相続人という）に帰属していた権利および義務（相続財産あるいは遺産という）が一定の親族関係にある者（相続人という）に承継されることである。単に積極財産だけでなく，借入金債務などの消極財産も一緒に相続されることに留意しなければならない。

　法律上の地位の承継　　ただ，権利および義務の承継といっても，売買契約において目的物の所有権が売主から買主に移転するような場合と異なって，相続では，被相続人の法律上の地位が相続人に移転するものと観念されている（民法896条参照）。すなわち，第三者との関係において，相続人は原則として被相続人と同一視される。

　たとえば，Xがその所有する甲土地をYに売却し，移転登記をしない間に，それをZに二重に売却し，Zへの移転登記がなされた場合には，原則としてZが優先すると解されている。Yは，移転登記を経由していない以上，甲土地の所有権を取得したことを第三者であるZに対抗できないと考えられるからである（民法177条）。また，Zは単に甲土地を買い受けたものであって，XからYへの売買における売主たる地位を承継するものではないと考

198　　第14章　相　続

えられている。これは不動産の二重譲渡理論と呼ばれるものである。

　これに対して，XからZへの所有権移転が相続によるものである場合には，一見すると二重譲渡のように見えるが，結論は異なっている。すなわち，甲土地の所有者であるXがその土地をYに売却した後に，移転登記をしない間に死亡し，Zが甲土地を相続し，相続を原因としてXからZへの移転登記がなされた場合に，YはZに対して，売主としての義務の履行すなわち移転登記を請求できる。なぜならば，Zは，Xから売主たる地位を承継したものとして，Xと同一視されるからである。そこで，売買のような場合の承継を特定承継というのに対して，相続のような承継を一般承継あるいは包括承継という。

> ### 相続制度の歴史

相続制度は私有財産制度を前提とするものであり，古代から認められていたものと考えられている。もっとも，相続制度の内容については，時代によっていろいろと変遷してきた。

　日本においても，明治以前にはさまざまな相続形態が存在していたとされる。明治民法（明治31年）は，武家において行われていた長子相続制を採用し，家制度のもとにおいて，戸主の死亡については，原則として嫡出の男長子が単独で家督を相続する制度を規定していた（民法旧970条。戸主以外の家族の死亡の場合には，直系卑属等が共同で相続する遺産相続制度がとられていた）。このような相続制度のもとでは，戸主の長男がすべての財産を相続し，他の子（次男以下および女子）には相続権はなかった。しかし，戦後の改正により，現在の民法では，家制度を廃止し，すべての場合に子等および配偶者が共同で相続することとなった。

1 相　続　199

② 相 続 の 根 拠

　私有財産制度のもとにおいて，被相続人がその財産を自由に処分することが認められている以上，相続によって相続人が被相続人に属していた財産を承継することは，必ずしも否定できないが，生まれながらにして平等であるべき人間の間に貧富の格差を生むこともまた事実である。そこで，相続制度がなぜ認められるのかが論じられている。

> 潜在的な持分の清算

　まず，第1に，被相続人個人の名義の財産となっていても，実質的には家族の協力によってその財産が形成されていることが少なくなく，相続には家族の潜在的な持分の清算の意味があるとされている。しかし，第3順位の血族相続人として兄弟姉妹とくにその代襲者にまで相続を認めていることが（代襲者の相続については後述する），このような相続の根拠から十分に説明できるのかは，多少疑問がないわけではない。また，被相続人の財産形成に寄与した家族の潜在的な持分の清算については，昭和55年の改正によって寄与分制度が導入され，現在では潜在的持分の取戻しが認められている（民法904条の2）。

　なお，平成30年相続法改正において，相続人以外の親族が被相続人の財産の維持・増加に特別の寄与をした場合に，その親族が相続人に対し寄与に応じた金銭の支払いを請求できる特別寄与の制度が新設された（民法1050条）。

> 家族の生活保障

　第2に，被相続人によって扶養されていた家族の生活を保障するために相続制度が認められているとされている。とくに生存配偶者についてはこのことは重要である。昭和55年の改正において配偶者の相続分

200　第14章 相　続

が強化されたのは，このような根拠を重視していることの表れである。さらに，平成30年相続法改正において，被相続人が所有する建物に居住していた配偶者に居住の権利（配偶者居住権・配偶者短期居住権）を認める制度が新設された。これも相続における配偶者の地位を強化するものである（1028条〜1037条）。そして，とくに被相続人の消極財産（たとえば，借入金債務など）については，債権者を保護するために相続制度が認められているとされている。

　なお，後に述べるように，子，直系尊属および配偶者が相続人である場合には，相続財産の一定割合が遺留分として保障されている。このような遺留分制度も相続人の生活保障としての意味を有しているといえよう（必ずしも十分なものではないが）。

③　法定相続と遺言相続

　相続の形態については，相続人・相続分の割合などに関する法律の規定の定めるところに従って行われる法定相続と，被相続人の生前の意思に従って行われる遺言相続が存在する。

法 定 相 続　法定相続は，相続人とされる親族間の公平に配慮して定められているものである。たとえば，被相続人の子について，男女の別や長幼の順序を考慮することなく，すべての子を平等に扱っている（民法887条・900条参照）。また，配偶者の相続分について，かつては相続財産の3分の1とされていたが，昭和55年の改正により2分の1となった（子と配偶者が相続人である場合）。これは，生存配偶者（主として妻）をより優遇すべきであるという価値判断に基づくものである（民法900条1号。子の数が減少しているために，子の相続分が減少しても1人あたりの相続分はそれほど減少しないという実質的な配慮もな

されている)。さらに，嫡出子と嫡出でない子についても，世界の傾向に従って，非嫡出子の相続分を嫡出子の2分の1とする規定（民法旧900条4号但書）は削除され，平等となっている。

```
┌─────────────┐
│  遺 言 相 続  ╱
└─────────────
```

これに対して，遺言相続は，被相続人が本来その所有する財産を自由に処分できることを重視し，被相続人の生前の意思をできるだけ尊重しようとするものである。そこで，被相続人が遺言によってその所有する財産を処分することを自由に認めようとするものである。たとえば，相続人の一部の者に他の相続人よりも多くの財産を与えること，相続人以外の者に財産を与えることなどを遺言によってすることができる（民法902条・964条参照）。

```
┌─────────────┐
│  相続の原則   ╱
└─────────────
```

このような遺言相続と法定相続とのいずれを原則とするかについては，国によって異なっている。たとえば，イギリスでは遺言相続が原則であり，遺言がない場合に法の定めるところによって相続が行われるとされている。日本の民法では，一般に法定相続を基調としながら，遺言相続制度との調和をはかっていると考えられている。

　日本では，実際に遺言が作成されることはそれほど多くないが，生前に遺言を作成することが少しずつ増えていると思われる。

2　相続人と相続分

① 相　続　人

```
┌─────────────┐
│ 子・直系尊属・兄弟姉 ╱
│ 妹            
└─────────────
```

民法は，相続人として2種類の異なる親族を定めている。第1に，⑴子，⑵直系尊属（父母，祖父母など），⑶兄弟姉

202　第14章　相　　続

妹である。これらは被相続人と血族関係にあるものであるが，(イ)
(ロ)(ハ)の順序で相続人となる。すなわち，まず，子が相続人とな
り（民法887条1項），子がないときには，直系尊属が相続人とな
る（民法889条1項1号）。直系尊属の中では，親等の近い順で相
続人となる。たとえば，被相続人の父母と祖父母が生存している
場合には，父母だけが相続人となる。直系尊属もいないときには，
兄弟姉妹が相続人となる（民法889条1項2号）。そして，子および
兄弟姉妹が相続人となるケースで，それらの者（被代襲者）が死
亡している場合などには，その子（代襲者）が代襲相続をする（民
法887条2項・889条2項）。これらの相続人は血族相続人と呼ばれる。

配　偶　者

第2に，配偶者である。配偶者は被相続
人と血族関係にないのが通常であるが，
前述のような血族相続人と同順位で常に相続人となる（民法890
条）。相続とは財産が血族に受け継がれるものであるとする考え
方からすれば，配偶者は相続人とならないことになる（生存配偶
者の保護は，夫婦財産制の清算において配慮される）。そこで，配偶
者は，血族相続人がいない場合に例外的に相続人となるとする考
え方がかつてはとられていたが，次第に相続人として扱われるよ
うになってきた。そのような観点からすると，配偶者が常に相続
人となる日本の民法はかなり進んだものであるといってよい。

　また，被相続人の所有する建物に相続開始時に居住していた
配偶者は，遺産分割あるいは遺贈によって配偶者居住権を取得
し，その建物を無償で使用収益することができる（民法1028条
以下）。配偶者がその建物に居住し続けられて，それ以外の財産，
とくに預金などを相続できることに大きな意味がある。なお，配
偶者は，配偶者居住権を取得しない場合にも，配偶者短期居住権

2 相続人と相続分　203

を取得することができる（民法1037条以下）。

② 承認と放棄

単純承認・放棄・限定
承認

なお，相続人には相続をするかしないか
を決定する自由が保障されている。すな
わち，相続人は，相続開始を知った時か
ら3カ月以内に，(イ) 単純に相続する単純承認，(ロ) まったく相続
しないとする放棄，および(ハ) 相続財産の限度で債務を弁済する
旨を留保して相続する限定承認の3つの中から選択をしなければ
ならない（民法915条）。

これらのうち，限定承認は，共同相続人が全員で共同してしな
ければならないとされているので（民法923条），多くの場合に単
純承認あるいは放棄が行われている。もっとも，3カ月の熟慮期
間内に限定承認または放棄をしなかったときには，単純承認をし
たものとみなされているために（民法921条2号），とくに単純承
認の意思表示がないにもかかわらず，単純承認とみなされている
のが大部分であると思われる。

③ 相 続 分

法定相続分

相続人が複数である場合において（複数
であることが多い），各自の相続分の割合
は，民法の規定によって定められている（民法900条）。まず，ど
のような血族相続人と配偶者とが相続するかによって，配偶者の
相続分を定め，残りを血族相続人が（もし，複数であれば平等に）
相続するものとしている。もっとも，配偶者がいない場合には，
血族相続人だけが前述のような順位で相続人となり，同順位者間

204　第14章 相　続

では平等に相続することになる。

> **法定相続分の割合**

まず，配偶者と子が相続人である場合には，配偶者が2分の1，子が2分の1となる（民法900条1号）。子が複数いれば2分の1をさらに平等に分けることになる。従前は，嫡出でない子の相続分は，嫡出子の2分の1とされていた（民法旧900条4号但書）。このような差別は，法律婚主義をとっていることから，合理的なものと解されてきたが，平成25年の最高裁決定により，法の下における平等を定めた憲法14条1項に反するものと判断された（最大決平成25・9・4民集67巻6号1320頁）。そして，民法の改正が行われ，嫡出でない子の相続分を嫡出子の2分の1とする部分が削除され，すべての子が平等に扱われることとなった。次に，配偶者と直系尊属が相続人となる場合には，配偶者が3分の2，直系尊属が3分の1となる（直系尊属が複数いれば，3分の1をさらに平等に分けることになる。民法900条2号）。なお，代襲相続が行われる場合には，代襲相続人はその被代襲者（代襲者の父または母）の受けるべき相続分を相続する。したがって，1人の被代襲者について代襲者が複数いる場合には，被代襲者が相続人であったならば受けるはずであった相続分を代襲者間で平等に分けることになる（民法901条）。

4 遺 留 分

> **遺言による相続分の割合**

ところで，後に述べるように，被相続人は，生前の遺言によって法定相続とは異なる相続分の割合を指定することができる。たとえば，子が数人いる場合に，そのうちの1人に全財産を相続させる旨の遺言をすることができる（民法964条）。なお，遺

2 相続人と相続分　　205

言の実務においては，特定の財産について，特定の者に「相続させる」旨の遺言が広く行われており，その場合の取扱い（特に不動産の登記申請）について，判例が確立していたが，平成30年改正では，このような遺言を「特定財産の承継遺言」と呼び，それに関する明文の規定が置かれることとなった（民法1014条等）。

本来，被相続人は自由にその所有する財産を処分できるのであるから，その遺言は生前の意思を示すものとして，十分に尊重されなければならないのであるが，相続人の相続に対する期待もある程度保護されなければならない。

遺留分制度

そこで，その矛盾する要請を調整するものとして，遺留分制度が存在する。すなわち，相続財産の一定部分については，遺留分として相続人となる者の期待を保護し，それを害する遺言がなされた場合には，相続人は，受遺者（特定財産承継遺言により財産を承継し，または相続分の指定を受けた相続人を含む）または受贈者に対して遺留分侵害額の支払いを請求して，遺留分を確保することができる。ただし，遺留分が認められるのは，兄弟姉妹以外の相続人，すなわち，子，直系尊属および配偶者である（民法1042条1項）。遺留分の割合は，相続人が誰であるかによって異なっている。たとえば，直系尊属のみが相続人であるときには，遺留分は，被相続人の財産の3分の1，その他の場合には，遺留分は，被相続人の財産の2分の1である（民法1042条1項）。そして，1人1人の相続人の遺留分は，全体の遺留分を相続分の割合に従って分ける形で決定される（同条2項）。

3 遺　言

遺言の意義

遺言は，売買など通常の契約と異なって，その効力，内容などが問題となるときには，遺言者は死亡しているのが通常である。そこで，遺言者の意思が明確に判断できるように厳格な要件が定められている。すなわち，売買などの契約においては，特定の要式は要求されず，契約当事者の意思の合致によって契約の効果が発生するという諾成主義がとられている。これに対して，遺言では法律の定める形式によらなければ，たとえ，遺言者の意思が明確であっても，遺言としての効力は認められない。遺言は，その方式によって普通遺言と特別遺言とに分けられる。普通遺言には，自筆証書遺言，公正証書遺言および秘密証書遺言の3種がある。

自筆証書遺言

第1の自筆証書遺言は，遺言者が遺言の全文，日付および氏名を自書し，これに捺印したものである（民法968条1項）。なお，自筆証書に一体のものとして相続財産の目録を添付する場合に，その目録については，自書することを要しない（同条2項）。日付を欠くもの，捺印されていないものについては，遺言としての効力は認められない。ただし，判例では，多少要件が緩和される傾向にあり，たとえば，他人の添え手による補助を受けて作成された自筆証書遺言について，一定の場合には自書の要件をみたすことを認めた判決（最判昭和62・10・8民集41巻7号1471頁。ただし，この判決の事案においては遺言を無効としている），カーボン紙を用いて複写の方法により記載することも許されるとした判決（最判平成5・10・19裁判集

3 遺　言　207

民事170号77頁）などが見られる。

自筆証書遺言は，最も簡易な方法であり，遺言の内容を他人に知られないという長所を有している。しかし，要件に違背して無効とされたり，発見されないままに（場合によっては，破棄されたり，隠されたりして），遺言者の生前の意思が実現されない危険がある（一般には，遺言者が信頼する者に遺言書を預けておくということが行われているようである）。また，文字の書けない者には利用できない方式である。なお，平成30年改正により，これらの自筆証書遺言に関する問題に対応するために自筆証書遺言の保管制度が創設された（「法務局における遺言書の保管等に関する法律（平成30年法律73号）」）。

公正証書遺言

第2の公正証書遺言は，証人2人以上の立会いのもとに公証人によって作成された遺言である（民法969条）。なお，遺言者が公証人に遺言の内容を口述するのが普通であるが，口のきけない者も手話による通訳によって，公正証書遺言を利用することができる（民法969条の2）。方式違背や意味不明によって遺言が無効とされる危険性は少ないが（また，文字の書けない者にも利用できる），生前に遺言の内容が相続人に知られることによって親族間の不和を生ずることがある。また，判例では，すでに意思能力が完全でなくなった被相続人について，一部の相続人が自己に有利な遺言を作成させるために公正証書遺言を利用する例があり，裁判によって遺言が無効とされた例も少なくない。

秘密証書遺言

第3の秘密証書遺言は，遺言書に遺言者が署名，押印し，封筒などに入れ，封印したものである。遺言の内容を自書する必要はないが，公証人お

208　第14章　相　続

よび2人以上の証人の面前で封書を提出し，自己の遺言であること
を申述すること，これらの者が署名することなどが規定されている（民法970条）。秘密証書遺言は遺言の存在を明らかにしながら，その内容を秘密にすることを可能にするもので，自筆証書遺言と公正証書遺言の長所を併せ持つものである。

特別遺言

特別遺言は，遺言者が病気その他の事情によって普通方式による遺言ができない状況にある場合に，特別に認められる遺言であって，遺言者が普通の方式による遺言ができる状況になった時から6カ月以上生存しているときには，遺言の効力は失われる（民法976条以下）。

法定相続

●設例についての考え方

　Aが生前において遺言をしていない限り，民法の規定に従った相続が行われる。すなわち，相続人は子C・Dおよび配偶者Bである。そして，相続分の割合は，配偶者Bが相続財産の2分の1を承継する。そして，残りの2分の1を子が相続する。したがって，C・Dは，それぞれ相続財産の4分の1を承継することとなる。

　もっとも，B・C・Dは，必ずAの財産（プラスの財産だけではなく，マイナスの財産もある）を相続しなければならないということではない。相続人は，自己のために相続の開始があったことを知った時から（設例のような場合には，Aの死亡によって，B・C・Dは自己のために相続の開始があったことを知ったといえよう），3カ月以内に単純承認，限定承認または放棄をすることができる。もし，Aの相続財産がマイナスであれば放棄をすることも考えられる。

法定相続　209

各相続人の相続分の割合が定まっていても，その割合に応じて，具体的に財産を分けるためには，遺産分割の手続をとらなければならない（民法906条以下）。相続人の間で協議によって分割するのが原則であるが，協議が調わないときあるいは協議ができないときには，共同相続人の請求により家庭裁判所で分割が行われることになる（民法907条）。

　なお，Aの遺産の中に，配偶者Bが居住していた不動産がある場合には，遺産分割によって，その不動産の取得のほかに，Bはその不動産に居住する権利を取得することができる（民法1028条以下）。

第15章

団　体

1 権利の主体——人と法人
　① 法人制度
　② 法人に関する法律
2 法人の活動
3 権利能力のない社団・財団
4 会　社
✐ 権利能力のない社団の債務
　　—設例についての考え方

A，B……らは，環境保護活動を目的とするXという団体を作って，いろいろな活動をしてきた。Xの代表者であるAは，その活動資金として，Y銀行から100万円を借り入れた。約束した返済期日に返済がなされなかったので，Y銀行は，Aにその返済を請求した。Aは，X団体には資金がないので，しばらく待ってほしいと言ったが，Y銀行は，A個人に返済するように要求している。どのように考えられるか。

1 権利の主体——人と法人

① 法人制度

法人の意義

すでに述べたように，すべての人に対して，権利能力が平等に与えられている。すなわち，すべての人に対して，権利を取得し，義務を負う地位（資格）が認められている。しかし，権利を取得し，義務を負う地位が認められているのは人に限らない。人の集合体（社団という）あるいは財産の集合体（財団という）に対しても，一定の要件のもとに，権利・義務の主体となる地位が認められている。このような社団あるいは財団を法人という（なお，人のことを法人に対して自然人ということもある）。このような法人の権利能力をとくに法人格あるいは単に人格ということがある。

　このような法人制度にはどのような意義があるのであろうか。

社団法人の機能

まず，社団法人については，次のように考えられている。何人かの人が集まって

212　第15章　団　体

社団（すなわち団体）を設立して，団体としての活動を行う場合に，その財産関係について，社団を構成している個々の人に還元して考えることも可能である。たとえば，10人の人が団体を作って，土地を所有するというような場合には，その10人が土地を共同で所有（共有）しているものと扱うことも十分に可能である。

　法人制度は，このような場合に，社団の構成員とは別個の主体として社団そのものに権利能力を認めるものである。構成員個人と社団とを別に扱うことによって，各構成員個人の法律関係と社団の法律関係とを切り離すことができる。たとえば，ある構成員に対して債権を有する債権者は，その構成員の帰属する社団の財産から債権の弁済を得ることはできない。このような構成員個人と社団とを分離することが社団法人制度の最大の利点である。

| 財団法人の機能 |

　　　　　　　　　　財産の集合体である財団についても，具
　　　　　　　　　　体的な表れ方は多少異なっているが，個人と財団とを区別するという点において，このような考え方があてはまる。すなわち，たとえば，ある人が自分の有している財産を環境保護に役立てたいと考えた場合に，その財産を財団として，それによって環境保護に関するいろいろな事業を行うことができる。個人としてそのような活動をすることも可能であるが，財団の活動と個人の活動と切り離すことによって，相互に他方の活動の影響を遮断することができる。

　たとえば，個人的な活動であれば，個人が死亡すれば，相続人がその活動を継続しない限りは，その活動は終了する。これに対して，財団としての活動であれば，財産を提供した個人が死亡しても，財団としての活動は存続することになる。また，たとえば，相続人のない者が財産を残して死亡した場合のように，主体のな

1 権利の主体——人と法人　　213

い財産（所有者のない財産）を一定の目的のために管理する制度としても財団制度の意義がある。

なお，英米法においては，一定の目的のために財産を提供する制度として，信託(trust)という制度がある。たとえば，ある人（委託者）が自分の財産を信託会社（受託者）に譲渡し，信託会社がそれを運用して得た利益を第三者（受益者）に与える契約のような場合である。大陸法には，このような制度はなく，財団が同じような機能を果たしているのである。しかし，現在では大陸法の諸国の中にも信託制度を導入している国がみられる。日本では，英米の信託制度の影響を受け，すでに大正11年に信託法が制定されているが，平成18年に大きく改正された。

② 法人に関する法律

法人に関する法制度は，かなり複雑になっている。平成18年の改正前においては，民法が公益法人の設立，組織，運営等に関する規定を定めていた。それによると，公益法人の設立については，許可主義がとられていて，主務官庁の許可によって法人が成立するものと定められ，主務官庁がその監督も行うものとされていた。

ところが，平成18年の公益法人改革によって，社団または財団の設立と公益性の認定とが分離されることになった。まず，民法では，学術，技芸，慈善，祭祀，宗教その他公益を目的とする法人と営利事業を目的とする法人の設立，組織，運営および管理について，民法その他の法律の定めるところによるとしている（民法33条2項）。たとえば，公益を目的とする法人については，私立学校法，宗教法人法などの特別法がある。また，営利事業を目

的とする法人については，会社法がある。そして，民法では，法人の能力，外国法人，登記などに関する一般的な規定を置くにとどめている。

新たに制定された「一般社団法人及び一般財団法人に関する法律（平成18年法律48号）」（以下，一般社団・財団法人法という）は，剰余金の分配を目的としない社団または財団について，その行う事業の公益性の有無にかかわらず，準則主義によって簡便に法人格を取得できる制度を創設し，その設立，機関等について定めている。また，同時に制定された「公益社団法人及び公益財団法人の認定等に関する法律（平成18年法律49号）」は，内閣総理大臣または都道府県知事が，民間有識者による委員会の意見に基づき，一般社団法人または一般財団法人の公益性を認定するとともに，認定を受けた法人の監督を行う制度を創設した。

2 法人の活動

> 法人の設立

法人の設立については，それに対する国家の規制の強弱によっていろいろな形態がある。最も規制の強い特許主義は，個々の法人について特別の法律によって法人を設立するものである（たとえば，日本銀行など）。これに対して，最も規制の弱い準則主義は，法律の定める一定の要件を具備した場合に法人の設立を認めるものである（さらに規制の緩やかなものとして設立のための形式的要件を定めない自由設立主義があるが，日本にはその例はない）。会社法上の会社・労働組合などがその例であるが，会社法では営利法人について準則主義をとっている（会社法49条・579条）。また，一般社団法人お

および一般財団法人についても，準則主義をとっている（一般社団・財団法人法22条・163条）これらの中間に位置するものとして，許可主義と認可主義がある。いずれも，法律の定める要件をみたしたものに対して，主務官庁が許可あるいは認可することによって法人が成立するものである。

　許可主義の場合には，主務官庁に対して許可するかしないかの裁量権が与えられているのに対して，認可主義の場合には，主務官庁は裁量権を有せず，要件をみたしている限り必ず認可しなければならない。平成18年改正前の民法では，公益法人について許可主義をとっていた（民法旧34条）。認可主義をとるものとして，学校法人・宗教法人・各種の協同組合等がある。なお，一定の場合には，法人の設立が義務づけられている場合がある（たとえば，弁護士会等）。このような場合は強制主義と呼ばれる。

　　設立の手続と効果　　一般社団法人または一般財団法人を設立しようとする者は，その根本規則である定款を定め，目的・名称・事務所・資産に関する規定・理事の任免に関する規定などの必要事項を記載しなければならない（一般社団・財団法人法10条～14条・152条～156条）。そして，法人が設立されたときは，登記をしなければならず，登記をしなければそれを善意の第三者に対抗できない（民法36条，一般社団・財団法人法299条以下）。

　　法人の組織　　一般社団法人は人の集合体であるから，それを構成する社員が存在する（なお，株式会社では株主が社員にあたる）。そこで，社員総会が最高の意思決定機関として位置づけられている（一般社団・財団法人法35条）。しかし，日常的に社員全員で意思決定し，それを実行して

いたのでは，法人を設立した意味はまったくない。そこで，法人の事務を行う者として1人または複数の理事が置かれなければならない（一般社団・財団法人法60条1項）。そして，理事が一般社団法人を代表して，法人の業務（たとえば，第三者と取引をする場合など）を行う（一般社団・財団法人法76条）。また，一般社団法人は理事会を設置すること，法人の財産状態の監査，理事の業務執行の監査などを職務とする監事，会計監査人を置くことができる（一般社団・財団法人法60条2項）。

　一般財団法人は，財産の集合体であるから，社団法人のように社員および社員総会が存在しない。その代わりに，評議員，評議員会，理事，理事会および監事を置かなければならない（一般社団・財団法人法170条1項）。また，会計監査人を置くことができる（同条2項）。なお，大規模一般財団法人については，会計監査人の設置が義務づけられている（一般社団・財団法人法171条）。

3 権利能力のない社団・財団

権利能力のない社団・財団の意義

　前述のように，平成18年改正前には民法上の法人としては，公益法人（営利を目的とせず，公益に関する社団または財団をいう）または営利法人の2種類しか認められていなかった。そこでその要件にあてはまらないものについては，特別法により認められるものを除いては，法人となることはできなかった。社会的な団体としての実体が存在し，団体としての活動は行っているが，法人格を有しないということになる。法人格を有しないということは，権利・義務の主体となりえないことを意味する。した

がって，団体としての活動は，法的には個人の活動として構成するほかない。たとえば，団体がある財産を所有するということは，法的には，その団体の構成員全員がその財産を共同で所有することを意味することになる。あるいは，団体がある債務を負っているということは，法的には，構成員全員がその債務を負っていることを意味することになる。

しかし，このように団体の活動をすべて個人に還元することは実体から離れることになり，必ずしも妥当ではない。とくに，団体の構成員が変動するような場合に不都合を生ずる。そこでできるだけ社会的な実体に即して法的構成をすることを考えようとするのが，権利能力のない社団（あるいは財団）という理論である。すなわち，団体としての組織・代表の方法・総会の運営等，社団としての実体を備えている団体を社団法人に準じた扱いをしようとするものである。訴訟については，代表者の定めのある場合には，当事者能力（訴訟の当事者になることのできる一般的な資格）が認められていて（民事訴訟法29条），団体の名において訴訟をすることができる。

しかし，不動産登記については，権利能力のない社団の名義で登記することは認められておらず，代表者の個人名義で登記するか構成員全員の共有名義で登記するかの方法によるしかない。

平成13年に制定された中間法人法によって，それまで法人格を取得することができず，権利能力のない社団として活動するほかなかった団体も法人となることができるようになった。さらに，平成18年の改正により一般社団法人および一般財団法人について，準則主義により，緩やかに法人を設立できるようになった（これによって，中間法人法は廃止されることになった）。したがっ

218　第15章　団　体

て，権利能力のない社団・財団に関する法理が適用される場合は，少なくなるといえよう（法人を設立しようと思えばできるのに，設立しないで活動している場合などに限られる）。

4 会　社

会社の意義と種類　　前述のように，以前は，商行為（商行為というのは，商法501条以下に定められているが，大雑把にいえば，営利活動を意味する）をすることを業とする目的として設立された社団を会社と呼んでいたが，平成17年に制定された会社法では，会社というのは，株式会社，合名会社，合資会社または合同会社をいうと定義されている（会社法2条1号）。そして，会社がその事業としてする行為およびその事業のためにする行為は商行為であると規定している（会社法5条）。

会社にもいろいろな形態のものがあり，大きく分けると，株式会社と持分会社の2つに分けられる。持分会社には，合名会社，合資会社および合同会社の3種類がある。また，株式の譲渡について会社の承認を要する旨を定款に定めていない会社を公開会社といい（会社法2条5号），貸借対照表に計上した資本金が5億円以上か貸借対照表に計上した負債が200億円以上の会社を大会社という（同条6号）。

株式会社とは，株主と呼ばれる社員（前述のように，社員というのは，社団である会社の構成員を意味する）から構成される。株主は，株式の払込みによって会社に出資する義務を負うだけで，会社の債権者に対して何ら責任を負わない（会社法104条。株式の払込み以外の責任を負わないという意味において，有限責任という）。後述

4 会　社 219

するように，株主総会で選任された取締役が会社の業務を行い，取締役会で選定された代表取締役が会社を代表する。

合名会社とは，会社の債権者に対して無限の責任を負う社員のみから構成される会社である（会社法576条2項）。合名会社では，全社員がそれぞれ業務を執行し，会社を代表するが，定款で別段の定めをすることができる（会社法590条1項・599条1項）。

合資会社とは，無限責任社員と有限責任社員から構成される会社である。無限責任社員は，合名会社の社員と同じように会社の債権者に対して無限の責任を負う。これに対して，有限責任社員は，定款に記載されている出資の限度でのみ責任を負うにとどまり，それ以上に，会社の債権者に対して何ら責任を負わない。会社の業務執行および代表については，合名会社と同様である。

合同会社とは，平成17年の会社法によって新しく認められた会社形態である。すべて出資の限度でしか責任を負わない有限責任社員から構成される点で，株式会社と同様である。会社の業務執行および代表については，合名会社および合資会社と同様である。

会社法の制定前は，旧有限会社法によって有限会社という形態が認められていたが，会社法では，有限会社は認められておらず，旧来の有限会社は，同法施行後は，株式会社として存続することとされた。

会社の設立

会社の設立は，基本的に民法における社団の設立と同じである（前述のように準則主義がとられている）。ただ，会社の設立においては，社員となる者が出資（通常は金銭）をするところに大きな特色がある。ここでは，会社の中で最も広く利用されている株式会社を例に説明する。株式会社は，会社を設立しようとする発起人が，定款を定

めて設立する（会社法26条）。出資してすなわち株式を引き受けて社員となる者は株主と呼ばれる。発起人がすべての株式を引き受ける場合と発起人がその一部を引き受け，残りを募集する場合とがある（会社法25条1項）。いずれにせよ，株式を引き受けた者はその出資額を払い込まなければならない。

このようにして，設立された会社は，その登記によって成立する（会社法49条）。

会社の機関　株式会社では，社員は株主と呼ばれ，社員総会は株主総会と呼ばれる。会社の基本的事項は株主総会で決定される（会社法295条）。株主総会においては，1株が1議決権を有するのが原則である（会社法308条）。そして，その決議は，原則として議決権が過半数となる株主が出席し，出席した株主の議決権の過半数で行う（会社法309条1項）。株主総会で，役員（取締役・会計参与・監査役）および会計監査人が選任される（会社法329条1項）。

なお，1人または2人以上の取締役は必ず置かなければならないが，会計参与，監査役は，置くことができるとされているにとどまる（会社法326条）。ただし，会社の形態によっては必ず置かなければならないとされている場合もある（会社法327条）。また，取締役会，監査役会，会計監査人についても，設置が義務づけられている場合といない場合とがある。監査役・監査役会の代わりに監査委員会が設置される場合もある。

取締役は，社団法人における理事にあたるが，一定の資格を有する者でなければならない（会社法331条1項）。

定款で株式の譲渡制限をしていない公開会社では，取締役会を設置しなければならない。その場合の取締役は，原則として3人

4 会　社　221

以上でなければならない（同条5項）。また，業務執行に関する意思決定は，取締役会によって行われるが，対外的に会社を代表しその業務を執行するのは，代表取締役である。代表取締役は，取締役会において，取締役の中から選定される（会社法362条2項3号・3項）。

役員と会社との関係は委任関係にあることから（会社法330条），善管注意義務を負う（民法644条）。また，取締役は，会社に対して忠実義務を負う（会社法355条）。役員は，任務懈怠，利益供与，違法な剰余金分配等に関して，損害賠償責任を負うとされている（会社法423条・120条4項・462条等）。

会計参与は，公認会計士・税理士等から選任される（会社法333条）が，取締役と共同して計算書類等を作成する（会社法374条）。

監査役は，会計監査，取締役等の業務執行監査などを職務とし，監査報告を作成するが（会社法436条・381条），会計監査人は，会社の計算書類等を監査し，会計監査報告を作成する（会社法396条1項）。公開会社である大会社の場合には，監査等委員会設置会社および指名委員会等設置会社を除いて，必ず監査役会および会計監査人を選任しなければならない（会社法328条1項）。この場合に，監査役は3人以上でなければならない（会社法335条3項）。また，公開会社でない大会社は，会計監査人を置かなければならない（会社法328条2項）。

権利能力のない社団の債務

●設例についての考え方

Xという団体が，その実体に即して権利能力のない社団であ

ると判断されるとすれば，Aによる借入れ行為はXのためであり，Y銀行に対して債務を負うのはXであって，Aではないということになろう。したがって，Y銀行としては，X団体に貸し付けるような場合には，その代表者であるAが保証人として保証債務（Xが弁済できない場合にはAが代わって弁済する）を負う旨の保証契約を締結しておくべきであろう。

第 16 章

権 利 の 実 現

1 権 利 の 実 現
   1 権利実現の方法
   2 訴訟による権利の実現
2 紛争の解決と裁判制度
✐ 訴訟による権利の実現
　　—設例についての考え方

Aは，画商であるBから有名な画家の油絵1枚を買い，代金として，1,000万円を支払った。ところが，Bは，約束の期日になっても，その絵をAに引き渡していない。Aが絵の引渡しを受けるためには，どのようにすればよいか。

1 権利の実現

① 権利実現の方法

　社会生活を規律する規範には，法のほかにも，道徳・宗教・礼儀などさまざまなものが存在するが，国家の強制手段によって強制されることが法規範の最も重要な特色である。すなわち，ある者が権利を有しているにもかかわらず，その実現が妨げられている場合には，権利者は国家の力を借りてその権利を実現することができる。

任意の履行

　ある者が権利を有している場合に，その権利が国家の力を借りることなく，実現されている場合には，あまり問題はない。たとえば，XがYから土地を買い受けたが，その土地をZが不法に占拠している場合に，XのZに対する明渡しの請求に対して，Zがそれに従って，Xに土地を明け渡す場合である。あるいは，PとQとの間で，Pの所有する古美術品をQに200万円で売却する旨の売買契約が締結され，Pが目的物をQに引き渡し，QがPに代金200万円を支払った場合である。このような場合には，権利者の権利（前者の例では，Xの所有権，後者の例では，Pの代金債権およびQの引渡請求権）は実現されていて，とくに国家の力を借りる必要はない。

226　第16章　権利の実現

② 訴訟による権利の実現

自力救済の禁止

しかし，権利の実現が常に円滑になされるとは限らない。たとえば，前者の例において，ZがXからの明渡請求に応じない場合である。あるいは，後者の例では，Pが目的物を引き渡さない場合，またはQが代金を支払わない場合である。このような場合に，権利を有する者が自分の物理的な力を用いて権利を実現すること（自力救済）は許されない。すなわち，前者の例では，Xが無理矢理Zを土地から追い出すことはできないのである。また，後者の例では，Qが目的物をPから力で取り上げたり，Pが代金をQから無理矢理取り立てることはできないのである。

自力救済が認められないのは，それを自由に認めたのでは，社会の秩序が維持できないからである。すなわち，私人の力の行使を自由に認めると，それが適切な限度内にとどまるとは限らず，限度を超えて不当な損失を相手方に与えることもあるであろう。そもそも，ある者が権利を有していると思っても，その判断が必ずしも正しいとは限らない。また，権利を有していても，その権利の実現を拒絶しうる事由が相手方にある場合もある。たとえば，前者の例で，Xの明渡請求が権利の濫用になるような場合，後者の例で，PがQに対して代金と引換えでなければ目的物を引き渡さないといえる場合などである。

自力救済が認められないということは，かりに自力救済によって権利者が権利を実現した場合には，その不当な実現は不法行為であって，それによって相手方が被った損害を賠償する義務を負うことを意味する。

このように，自力救済は認められないのが原則であるが，裁判

1 権利の実現　　227

など国家による権利の実現を待っていたのでは，権利の実現がはかられないような緊急の事情がある場合には，例外的に自力救済が認められると考えられている。たとえば，自転車が盗まれかかっているときに，それを取り戻すような場合である。この場合にも，後からでは，権利の実現が著しく困難になるので，例外的に自力救済が認められるとしている。しかし，権利行使の手段が必要な限度を超えてはならないと考えられている。

訴訟による権利の実現

権利の実現が妨げられている場合には，権利者は，国家に対して権利の実現を請求することができる。すなわち，裁判所に対して訴訟を提起することである（裁判所において権利の実現が保障されているから，自力救済が禁止されているのである）。訴訟というのは，権利の実現をはかろうとする者(原告と呼ばれる)がその実現を妨げている者(被告と呼ばれる)を相手にして，裁判所に権利の実現を求める手続である(事件という表現も用いられている)。訴訟を提起された者(被告)は，訴訟による紛争の解決を拒否することはできない。もし，訴訟手続に欠席すれば，原告の請求が認められる結果となるのである。

　訴えが提起されると，法律等の定めるところに従って，訴訟手続が進められる。民事上の訴訟については，主として民事訴訟法の定める手続によることになる。裁判所は，当事者の主張とそれを証明する証拠をもとに事実関係を明らかにし，裁判所の認定した事実に法律・規則等の法規範を適用し，判決を下すのである。たとえば，前述の例で，XのZに対する明渡請求が理由のあるものであると裁判所が判断した場合には，Zに対して明渡しを命ずる判決を言い渡す。反対に，Xの請求が理由のないものであると

228　第16章　権利の実現

判断した場合には，Xの請求を棄却する旨の判決を言い渡す。裁判所の判決に対して不服のある当事者は上級の裁判所に対して上訴することができる（裁判制度については後述する）。

強 制 執 行

裁判所によって，権利の実現を命ずる判決がなされた場合に，その実現を命ぜられた者（被告）が判決の内容を履行すれば，問題はないが，それが任意に履行されない場合も考えられる。その場合には，権利者（原告）は，改めて国家の力を借りて，判決の内容を実現しなければならない。そのための手続を強制執行といい，民事執行法および民事執行規則に定められている。そこでは，金銭の支払いを目的とする債権についての強制執行と金銭の支払いを目的としない請求権についての強制執行とに分けて規定されている。

金銭の支払いを目的とする債権についての強制執行は，債務者の財産を差し押え，強制競売により換価し，その代金を債権者に与える手続である。たとえば，前述の例で，PがQに目的物を引き渡したにもかかわらず，Qが売買代金200万円を支払わない場合には，Pは，Qを被告として，裁判所に対して訴えを提起し，Qに200万円の支払いを命ずる判決を得て，強制執行することができる。この場合には，Qの財産（不動産あるいは動産など）を差し押え，競売した代金の中から200万円がPに支払われることになる。

2 紛争の解決と裁判制度

私人間の紛争の解決方法として裁判制度が設けられているのであるが，それは最高裁判所を頂点とするピラミッド構造になっている（日本国憲法76条，裁判所法2条）。

| 通常の民事事件 |

通常の民事事件については，まず地方裁判所（原則として，各都道府県に1つずつ置かれている）が第一審としての管轄権を有している。各都道府県にある地方裁判所のうち，どこの地方裁判所に訴えるかについては，訴えを提起する原告が自由に選択できるわけではない。たとえば，被告の住所地を管轄する地方裁判所など，訴えを提起できる地方裁判所が民事訴訟法に定められている。地方裁判所の判決に対して不服のある当事者は，判決の送達を受けてから2週間以内に，高等裁判所に控訴することができる（高等裁判所は，札幌・仙台・東京・名古屋・大阪・高松・広島・福岡に置かれている）。

控訴審では，第一審と同じように，当事者の主張および証拠に基づいて事実を認定し，それに法規範を適用して，判決を下す。第一審の判決が相当であると判断したときには，控訴を棄却する旨の判決をする。また，控訴の申立てに理由があると判断したときには，第一審判決を取り消し，変更する。控訴審判決に不服のある当事者は，一定の事由がある場合に限って，最高裁判所に上告することができる。上告審においては，原審の判決が適法に確定した事実に拘束される。したがって，その事実を前提として法規範の適用について判断するのである。最高裁判所は，上告の理由がないと判断したときには，上告を棄却する。また，上告の理由があると判断したときには，原判決を破棄し，原則として，原裁判所に差し戻す（再度審理をさせる）。ただし，原審の事実に基づいて裁判をするのに事件が熟している場合には，最高裁判所が事件についての判決をする（自判）。

なお，訴訟の目的の価額が140万円を超えない事件など簡易な事件については，簡易裁判所が第一審裁判所となる（裁判所法33

230　第16章　権利の実現

条)。簡易裁判所の判決に対する控訴は地方裁判所になされ，地方裁判所の控訴審判決に対しては，高等裁判所に上告される。

また，簡易裁判所においては，訴訟の目的価額が60万円以下の金銭の支払いの請求を目的とする訴えについて，少額訴訟による審理および裁判を求めることができる。少額訴訟については，より簡易な手続が定められている（民事訴訟法368条〜381条）。

このように，1つの事件について第一審，控訴審および上告審という3回の審判を受けることが可能である（そこで，三審制と呼ばれている）。

特許権等に関する訴えについては，原則として，第一審は東京地方裁判所または大阪地方裁判所で，控訴審は東京高等裁判所の特別の支部である知的財産高等裁判所で審理が行われる（民事訴訟法6条，知的財産高等裁判所設置法2条）。

**犯罪被害による
損害賠償事件**

このように，通常の民事事件は，民事裁判所で扱われるのであるが，犯罪被害者（またはその遺族）が損害賠償請求に関して，加害者に対する刑事裁判手続の成果を利用して，刑事裁判所において損害賠償を実現する制度が平成19（2007）年に新設された（犯罪被害者保護法23条〜40条）。ヨーロッパにおける付帯私訴（犯罪の被害者がその刑事事件の公訴提起に付帯して民事上の損害賠償等の請求を実現する制度で，日本でも第2次大戦前には存在していた）をもとに，独自の制度として作られたものである。この手続は，犯罪の被害者が刑事事件の係属する裁判所（したがって，刑事裁判所である）に対して不法行為に基づく損害賠償命令の申立てをするものである。これによって，被害者の負担が軽減されるとともに（たとえば，新たに民事訴訟を提起する必要がない），簡易

***2* 紛争の解決と裁判制度**　231

迅速な解決がはかられることになる（4回以内の審理で終結される）。

家事事件

夫婦・親子・相続など親族間における家事事件は，多くの場合，家庭裁判所の管轄であるが，通常の裁判所の管轄になっているものもあり，手続について，複雑になっている。第1に，婚姻関係や実親子関係および養子縁組関係は，人事訴訟事件として，人事訴訟法によってその手続が定められている。人事訴訟法では，民事訴訟法の特例が定められている。たとえば，裁判上の自白について民事訴訟法の適用を除外する旨の規定（人事訴訟法19条），職権探知主義による旨の規定（人事訴訟法20条）などの特則が置かれている。

第2に，後見・保佐・補助の開始とその取消し，失踪宣告，親子関係，親権，夫婦の協力扶助義務，婚姻費用の分担に関する処分など多くの事件について，家事事件手続法により，家庭裁判所で家事審判および家事調停が行われる（具体的に，家事事件手続の対象となる処分は，家事事件手続法の別表第1および第2に列挙されている）。そして，人事訴訟事件その他一般に家庭に関する事件については，家事調停手続によって紛争を解決することができるほか，審判手続によることとされている（家事事件手続法244条）。ただし，別表第1に掲げる事件については除かれていて，家事調停事件手続によることができず，審判手続によることになる。また，調停前置主義がとられていて，家事調停ができる事件については，調停手続を経なければ，訴訟ができないとされている（家事事件手続法257条）。たとえば，離婚に関する夫婦間の紛争については，夫婦の一方の申立て（離婚をしたい配偶者が申し立てる場合など）に基づき，裁判官と家事調停委員から構成される調停委員会で家事調停が行われる。当事者間で離婚の合意が成立し，調

書に記載されると離婚が成立する（協議離婚と異なり，戸籍の届出は報告的なものである）。離婚の調停が成立しない場合に，家庭裁判所は，相当と認めるときは，職権で，離婚の審判（調停に代わる審判）をすることができる（家事事件手続法284条）。この審判に対して，当事者は，2週間以内に異議の申立てをすることができる（家事事件手続法286条1項・2項，279条2項〜4項）。家庭裁判所は，異議の申立てが不適法であるときは，これを却下しなければならず，異議の申立人はこれに対して即時抗告をすることができる（家事事件手続法286条3項・4項）。また，異議の申立てが適法であるときは，調停に代わる審判は効力を失い，家庭裁判所はその旨を当事者に通知しなければならない。この場合に，当事者がその通知を受けてから2週間以内に当該事件について訴えを提起したときは，調停申立ての時に訴えの提起があったものとみなされる（同条6項）。また，離婚の調停が成立せず，離婚の審判がなされないときにも，夫婦の一方は離婚の訴訟を提起することができ，裁判による離婚手続が行われることになる。そして，離婚の審判に対して，2週間以内に当事者から異議の申立てがなされないとき，あるいは，異議の申立てを却下する審判が確定したときは，離婚が確定する（家事事件手続法287条）。

　第3に，相続回復請求権（民法884条），遺留分侵害額の請求権（民法1046条）などの事件は，民事訴訟事件であるが（民事訴訟法5条14号参照），家事事件に含まれる。これらの事件についても，前述のように，家庭に関する事件として，調停前置主義がとられている。

2　紛争の解決と裁判制度　　233

> ### 裁判外における紛争の解決

すべての紛争について，裁判による解決が最も適しているということはできない。

裁判所における紛争解決は，一般に時間と費用がかかり，少額の紛争解決には必ずしも適しているとはいえない。多くの国では，少額裁判制度による簡易迅速な訴訟手続のほかに，裁判外紛争解決制度を設けている。裁判に代わるものとして，ADR（Alternative Dispute Resolution）と呼ばれている。

日本においても，少額訴訟のほかに，交通事故紛争・消費者紛争・製造物責任紛争など，さまざまな分野について裁判外の紛争解決制度が存在する。これらの紛争解決制度は，公正な第三者が関与することによって，紛争の解決をはかるものである。第三者の専門的な知見を反映して，紛争の実情に即した迅速な解決がはかられるものと考えられている。そして，裁判とは異なって，多くの場合当事者の合意によって紛争を解決することを基本としている。すなわち，裁判による紛争解決が可能であることを前提として，当事者間で合意による解決をはかることを目的としている。

平成16年に，このような裁判外の紛争解決手続を促進するために特別の法律が制定されており（裁判外紛争解決手続の利用の促進に関する法律（平成16年法律151号）。以下，ADR法という），このような裁判外における紛争解決は，今後ますます重要になるであろう。この法律によれば，ADRの機関は，この法律に従った運営をするためには（たとえば，報酬を受け取ること），法務大臣の認証を受けなければならない（ADR法28条参照）。

2011年に起きた東京電力福島原子力発電所の事故による損害賠償については，原子力損害賠償紛争審査会のもとに，原子力損害賠償紛争解決センターが設置されている（ADR法の認証による

234　第16章　権利の実現

ものではない)。紛争解決センターは，被害者の申立てにより，弁護士である仲介委員らが和解の仲介手続を行っており，多くの紛争がそれにより解決されている。

訴訟手続のIT化

裁判制度は，伝統的に，一方で訴状，準備書面などの文書を書面により作成し，他方で裁判所の法廷における口頭による審理を中心に，その手続が組み立てられてきた。しかし，一般の社会では，コンピュータと通信技術の発展により，急速にIT化（情報技術（Information Technology）を活用して，業務や生活を効率化・高度化することをいう）が進められてきた。事業者間の取引のみならず，われわれ個人の取引においても同様である。たとえば，われわれ個人が自宅にいて，パソコンやスマートフォンにより，インターネットを利用して物を買い，その代金を電子マネーやクレジット・カードで決済したり，金銭の支払いのために，インターネットバンキングを利用し，自分の銀行口座から売主の銀行口座に振込を行ったりすることが日常的に行われている。

このような社会の変化に応じて，行政においてもIT化が進められてきたが，民事裁判手続のIT化についても，法制審議会の審議を経て，令和4年に民事訴訟法改正がなされ（令和4年法律48号），訴えの提起，期日，事件記録などのIT化がはかられた。さらに，令和5年には，「民事関係手続等における情報通信技術の活用等の推進を図るための関係法律の整備に関する法律」が制定され（令和5年法律53号），民事執行手続，民事保全手続，倒産手続，家事事件手続などにおけるIT化が民事訴訟手続にならって行われた。

---

2 紛争の解決と裁判制度　　235

訴訟による権利の実現

●設例についての考え方

　Aは，Bに対して絵の引渡しを請求して，訴えを提起することができる。訴訟においては，絵の引渡しを求める根拠として，売買契約が成立していることを主張し，それを証明することが必要である。この事実が認められれば，Aの請求は認められるであろう。その場合に，判決では，Bに対して絵をAに引き渡すべきことを命ずる判決がなされる。この判決に従って，Bが絵を引き渡すならば，問題はないが，Bが控訴すれば，さらに訴訟が続くことになる。最終的にAの請求が認められる判決が確定すると，Aはそれに基づいて強制執行手続をとることができる。具体的には，執行官がBから絵を取り上げて，Aに引き渡すことになる（民事執行法169条）。

民事法の学び方

1 授業・教科書等

(1) 大学の授業

　法学は，高校までの学校ではあまり学ぶことのない学問分野である。したがって，初学者は，どのように勉強すればよいのかという疑問を抱くであろう。もちろん，大学における授業を聴くことが最も適切な勉強方法であることはいうまでもない。とくに，民事法の分野は私たちの日常の生活に密接に関連していることが少なくなく，講義も理解しやすいであろう。本をもとに独学することも可能であるが，大学の授業を聴くことができれば容易に民事法の知識を修得することができる。また，今日では多くの大学において，学生でない者に対して，聴講生あるいは科目等履修生として大学の授業を聴くことを認めている。社会人にとっては，このような方法をとって，民事法を学ぶことも考えられるであろう。

　日本の法学部の授業は，多くの場合大教室における講義の形式をとっている。そこで，とくに準備をすることなく出席して，講義を聴いてノートを取るのが大半の学生である。できれば，予習あるいは復習をすることが望ましい。あらかじめ，教科書を読んでいれば，講義の内容を理解することが容易であろう。また，先生の指定する教科書，法令集（六法）を持参して，講義に際してそれを参照することも必要である。

　ところで，法学の世界では，特別の用語が多く用いられている。また，日常用いられていることばについても，日常の用語法とは異なった意味に用いられていることが少なくない。場合によっては，法律によって厳密に定義されていることもある。たとえば，民法では，果実ということばは物から生み出される物を意味し，物から収取される産出物（果物だけでなく，動物の子・牛乳なども含まれる）および物の使用の対価（家賃など）を含んでいる（民法88条）。あるいは，弁済ということばは，借金の返済だけでなく，すべての債務の履行を意味する。また，公序良俗（民法90条），過失（民法709条）というような一般的，抽象的な用語についても，法的な意味が与え

237

られている。

　そこで，法規範の意味を正確に理解するためには，まずことばの意味を正しく理解することが必要である。そのためには，教科書だけでなく，法律用語の辞典を座右に置いて，疑問を感じたときに参照することが極めて有用である。たとえば，高橋和之ほか編『法律学小辞典（第6版）』（有斐閣）などがある。

(2) 教科書（体系書）・参考書

　民事法の各分野については，多くの教科書や参考書が出版されている。大学の講義では，授業の最初に教科書，参考書をあげていることが多いようである。また，雑誌などでも，多くの教科書，参考書が紹介されている。それらを実際に図書館や本屋の店頭で手にとって検討することがよいであろう。たくさんの本を買っても全部を読みこなすことはできない。初学者は，あまり大きなものでなく，平易に書かれているものを選ぶ方がよいであろう。そして，その教科書をよく読むことが重要である。たとえば，民法について，多くの大学の教科書として用いられているものとして，山田卓生ほか『民法Ⅰ〜Ⅳ』（有斐閣Sシリーズ，ⅡⅢⅣは第5版，Ⅰは第4版），内田貴『民法』（全4巻，ⅠⅢは第4版，Ⅱは第3版，Ⅳは補訂版，東京大学出版会），大村敦志『新基本民法』（全8巻，1，3，4，5，6，7は第2版，2は第3版，有斐閣）などがある。これらの教科書には，参考文献が掲げられていて，他の教科書，参考書を知ることができる。

(3) 新聞・雑誌

　教科書や参考書を読んで授業に出席することだけが勉強方法ではない。日頃，新聞や雑誌に目を通すことも重要である。新聞も法的な問題，とくに世間の関心を集めている事件についてはかなり詳細に報道している。新聞を読むことも1つの勉強方法である。新聞記事がよくわからないときには，教科書や六法を直接に調べてみることも必要であろう。このような作業によって，その事件をより深く理解することができ，さらに関心をもつことができるであろう。そして，それに関連することを授業で聴いたときにも，その内容をよく理解できるであろう。

2 文献の探し方

あるテーマについてとくに深く勉強しようとするときには，そのテーマに関する論文，判例などを調べることが必要である。大学の図書館などで，どのように調べればよいのであろうか。まず，その問題に関する教科書（体系書）の該当部分を読むことである。それによって，何が問題であるのかをある程度見当をつけることができる。場合によっては，そこに，研究書，雑誌論文あるいは判例が引用されていることもあるであろう。その場合には，それらを直接に読んでみるとよい。研究書や雑誌論文では，さらに別の文献が引用されていることが多い。こうして，勉強の範囲をどんどん広げていくことができる。

しかし，もっとより網羅的に文献を検索する方法もある。研究書，雑誌論文および判例に関する文献目録を利用することである。たとえば，研究書，雑誌論文については，『戦後法学文献総目録』（日本評論社），『法律判例文献情報』（第一法規）など多くのものがある。また，判例についても，『判例体系（第二期版）』（第一法規）などがある（もっとも，現在は，新しい判例が補充されなくなっている）。なお，外国法を含めて，本格的な文献の検索方法については，板寺一太郎『法学文献の調べ方』（東京大学出版会），指宿信ほか監修・いしかわまりこほか『リーガル・リサーチ（第5版）』（日本評論社）参照。現在では，オンライン・データベースなどによりインターネット検索が広く利用されている。なお，法学部学生を主たる対象としたものとして，田高寛貴ほか『リーガル・リサーチ＆リポート（第2版）』（有斐閣）がある。

3 判例の読み方

民事法に限らないが，法学においては，判例は重要な意味を有している。法律のある規定について，裁判所がどのように解釈しているか，具体的な問題について裁判所がどのように扱っているかを知ることは極めて重要である。そこで，学生を読者の対象として，判例を解説するものも多く出版されている。たとえば，法律雑誌である『ジュリスト』（有斐閣）の別冊として，『判例百選』シリーズが

刊行されている。『民法判例百選 I 総則・物権, II 債権, III 親族・相続』（I, II は第 9 版, III は第 3 版），『商法判例百選』，『会社法判例百選（第4 版）』，『手形小切手判例百選（第 7 版）』，『民事訴訟法判例百選（第6 版）』など多くのものがある。それぞれ，各分野における重要な判決を取り上げて，それを要約し，解説するものである。またより親切に重要な判例を解説する教材として『会社法判例 40！』『民法判例 30！①〜⑤』『憲法判例 50！』『刑法総論判例 50！』『刑法各論判例 50！』『行政法判例 50！』『労働法判例 50！』（有斐閣 START UP シリーズ，民法①②・行政法は第 2 版，民法③は増補版，憲法は第 3版）が新しく刊行されている。教科書と合わせて利用することによって，より効果的な勉強をすることができるであろう。判例についても，最近では，オンライン・データベースなどによりインターネット検索が可能なものが少なくない。

ところで，判決を実際に原典にあたって読むことも重要である。たとえば，民事法の分野では，『最高裁判所民事判例集』（最高裁判所），『高等裁判所民事判例集』（最高裁判所，54 巻 2 号平成 13 年度分まで刊行）などの公式の判例集のほかに，『判例時報』（判例時報社），『判例タイムズ』（判例タイムズ社），『金融・商事判例』（経済法令研究会）などの雑誌がある。判決は，判決の主文（原告の請求に対する裁判所の最終的な判断），事実および理由から成っている。そして，これらに収録されている判決では，さらに判決の要旨が付けられている。判決の要旨は，判例集の編者が付しているもので，判決をした裁判所が付したものではない。多くの場合に，判決の重要な点を示すものであるが，ややずれていることもないわけではない。判決を読むにあたっては，裁判所が当事者の主張に基づいて認定した事実が何か，その事実を前提としてどのような法的判断を下しているかを明確にする必要がある。当事者が主張している事実がすべて裁判所で認められているわけではない。十分な証拠がないために，認められていない事実も少なくない。また，裁判所の判断の中にも，認定した事実を前提としない命題が含まれていることもある。これらを区別しながら，判決を読むことが必要である。

なお，詳しくは，青木人志『判例の読み方』（有斐閣），池田真朗

編著『判例学習の AtoZ』（有斐閣），中野次雄編『判例とその読み方（3訂版）』（有斐閣）参照。

4　文章を書く

　大学の教育では，文章を書く能力も重視されているが，とくに法学部学生のために手引きとなる本も刊行されている。たとえば，田髙ほか『リーガル・リサーチ＆リポート』（**2** に前掲），井田良ほか『法を学ぶ人のための文章作法（第 2 版）』（有斐閣），白石忠志『法律文章読本』（弘文堂）がある。

5　インターネットの利用

　インターネットの利用が急速に普及し，民事法を勉強する際にも，インターネットを上手に利用することによって，より効果的に学ぶことができる。多くの図書館がインターネットを通じた蔵書検索に対応しているし，法令や最高裁判所等の判決などもインターネット上で検索することができる。裁判所のホームページでは新しい裁判例が紹介されている。また，『TKC ローライブラリー』，『第一法規法情報総合データベース』などオンライン・データベースも多く提供されていて，大学図書館などで利用できるものが少なくない。それ以外にも，諸官庁がインターネット上で各種の資料を公開しており，審議会の議事録，国会に提出された法律案，統計，白書なども検索することができる。

　また，研究者や弁護士などが個人的にホームページでいろいろな情報（自分の書いた論文なども含まれている）を提供している例も少なくない。ただ，このようにして得られる情報は，玉石混淆であるように思われる。したがって，情報の正確性について，体系書・注釈書などによって，確認することが必要である。

　なお，インターネットの利用については，田髙ほか『リーガル・リサーチ＆リポート』（**2** に前掲）参照。

事 項 索 引

●あ 行

与える債務　91
「家」制度　163, 199
遺 言　207
遺言相続　202
　──分の割合　205
遺 産　198
遺失物　110, 138
意思能力　46
意思表示　36
　──の瑕疵　36, 39
　瑕疵ある──　43
一物一権主義　31
一般財団法人　215
一般社団法人　215
一般承継　199
一般法　12, 13, 15
移転登記　198
委 任　138, 156
委任契約　54, 137
委任状　54
違法性　96, 97, 126
入会権　106
遺留分制度　201, 206
因果関係　98, 125
姻 族　168
請負契約　30
受取人（手形の）　153
梅謙次郎　19
裏 書　153
裏書人　153

●か 行

運行供用者　133
AIH　188
AID　188
永小作権　105, 106
ADR　234
縁 組　186
追出し離婚　175
親子法　190

会計監査人　217, 222
会計参与　222
会 社　219
　──の設立　220
加害者　120
学 説　7
学説彙纂　16, 180, 116
苛酷条項　176
瑕疵ある意思表示　43
家事事件　232
家事事件手続法　232
家事審判　232
家事調停　232
過 失　114, 124, 131
過失責任主義の原則　24, 25, 124,
　133
家族法　16, 162
　──の基本原理　25, 162
家庭裁判所　232
株式会社　219
株 主　216, 219, 221
株主総会　221

為替手形　153
簡易裁判所　230
管　轄　230
監護・教育権　178, 193
監査役　222
監　事　217
慣　習　6
慣習法　6
間接強制　92
完全養子　186
危険責任　125
帰責事由　96
義　務　28
旧民法　18
協議離縁　186, 187
協議離婚　176
強行規定　25
強制執行　229
強制主義　216
強制認知　184
強制履行　91
兄弟姉妹　202
共同親権の原則　193
共同不法行為者　129
強　迫　42
許可主義　216
虚偽表示　40
居所指定権　193
寄与分制度　200
銀行送金　156
金銭消費貸借契約　87
禁治産者　48
クレジット・カード　157
刑事法　3, 9
芸娼妓契約　39
契　約　36, 82

——の解除　37, 99
——の効果　85
——の成立　82
——の成立時点　84
——の履行　90
——は守られるべし　90
　隔地者間の——　83
契約自由の原則　23, 24
血　族　166
現行民法典　19
——の編纂　19
——の変遷　19
原　告　228
原始的不能　88
原状回復義務　99
原子力損害の賠償　129
限定承認　204
権　利　28, 192
——の実現　4, 226
——の濫用　33
権利義務関係　4
権利侵害から違法性へ　127
権利能力　45, 53, 212, 213
——のない社団・財団　217
——平等の原則　45
牽連関係　88
子　202, 205, 206
故　意　114, 124
行為能力　47, 192
——とその制限　47
公益法人　216
公開会社　219
公　権　29
後見開始の審判　48
後見制度　194
後見人　48, 53, 192, 194

事　項　索　引　　243

合資会社　219, 220

公示方法　111

公序良俗　37, 38, 144

公正証書遺言　207, 208

控　訴　230

交通事故紛争　234

合同会社　219, 220

合同行為　37

高等裁判所　230

抗弁権

　　検索の──　150

　　催告の──　150

公　法　2

合名会社　219, 220

効力要件　154

小切手　153

個人主義の原則　26, 163

婚　姻　169

　　──の成立　170

婚姻障害　170

コンピュータ取引　42, 85, 158

●さ 行

債　権　29, 30, 85

債権債務関係　31, 69, 85, 90,
　　136, 138

　　契約以外の原因による──　120

債権者　30, 31

債権法の改正　22

最高裁判所　229, 230

催　告　50, 56, 72

催告権　49

再　婚　170

財産分与　177

財産法　16

　　──の基本原理　23, 162

　　──の基本原理の修正　24

財　団　46, 212

財団法人　213

裁　判　4

裁判外紛争解決制度　234

裁判所　4, 28, 91, 228

裁判上の離縁　186, 187

裁判制度　229

裁判離婚　176

債　務　30, 85, 86

　　──の履行　90

　　──の弁済（履行）　151

債務者　30, 31

債務不履行　90, 93, 99

　　──責任　97, 130

　　──の効果　100

債務免除　37

詐　欺　42

先取特権　107, 149

錯　誤　41

三者不当利得　141

三審制　231

私　権　29, 33

時　効　64

　　──期間　76

　　──制度の意義　64

　　──の援用　67

　　──の援用権者　69

　　──の完成猶予　71

　　──の効果　67

　　──の更新　73

　　──利益の放棄　69

　　損害賠償請求権の──　131

自然血族　167

自然人　46, 212

質　権　107, 149

執行官　91

実　子　182

実体法　3

私的自治の原則　23, 124

自動車事故　123, 132

自筆証書遺言　207

私　法　2

事務管理　136

　特別法上の――　138

事務管理者　137

仕向銀行　155

社　員　216, 219, 221

社員総会　216, 221

社会法　2

社　団　46, 212

社団法人　212

十二表法　121

出　資　220

取得時効　64, 74, 110

準事務管理　139

準則主義　215, 220

少額訴訟　231

商慣習法　6

上　告　230

使用者責任　128

使用収益権　105

承　諾　83

消費者契約　39, 44, 98

消費者紛争　234

消費貸借　14, 30, 36

　――契約　86

商　法　2, 13, 15

消滅時効　64, 75

　消滅時効短期――　132

条　理　7

職業許可権　193

職権探知主義　232

処分権　105

所有権　28, 104, 107

　――移転　199

　――の取得　109, 110

絶対の原則　23, 31

所有者（土地工作物の）　128

自力救済　227

事理弁識能力　48, 131

人　格　212

信義誠実の原則（信義則）　33

親　権　192, 193

親権者　48, 53, 192, 193, 194,

　195

人権宣言　32

人工生殖　188

人工生殖子　188

親子関係　182, 188

人事訴訟事件　232

人事訴訟法　232

親　族　162, 165, 194

親族関係　186, 187

信　託　214

人的担保　148, 150

親　等　168

心裡留保　40

生活扶助義務　195

生活保持義務　195

制限行為能力者　48, 53, 194

　――の取引　49

制限物権　104

生殖補助医療　188, 190, 191

精神障害者　128

製造物責任紛争　234

性同一性障害　190

成年後見人　48, 194

事項索引　245

成年被後見人　48，53，194

成文法　5

　——主義　5

責任能力　126，128

善　意　41

善意無過失　58，74

善管注意義務　138，222

占　有　64，105，110，112

占有権　104，105

占有者　106

　動物——　129

　土地工作物の——　128

占有補助者　106

相　続　45，110，162，198

　——の根拠　200

相続財産　198

相続人　198，202

相続分　204，205

　——の割合　204，205

　法定——　204

相当因果関係　98，131

双務契約　86，87，99

贈与契約　86，110

訴　訟　228

訴訟手続　228

祖　先　169

損害賠償　15，32，39，57，94，97，
　120，130，148，222

　——額の予定　98

　——の範囲　97，131

　懲罰的——　122

　保険制度による——　122

尊　属　168

●た　行

大会社　219，222

対　抗　41，198

対抗要件　111

第三者　43，55，65，111，198

胎　児　45

代襲者　200，203

代襲相続　203

代替執行　91，92

代　表　54

代表取締役　222

代　理　52

代理権　54，55，57

代理占有　106

代理人　52

代理母　189，190

諾成主義　82

多重債務者　158

タリオ　121

単意離婚　175

単純承認　204

男女の平等の原則　26，163

単独行為　37，54

担　保　148

担保物権　106，149

　法定——　150

　約定——　150

地役権　106

地上権　105，106

父または母と子との交流　178

知的財産高等裁判所　231

地方裁判所　230

嫡出子　182

嫡出親子関係　186，187

嫡出でない子　193，205

嫡出否認　183

中間法人　218

忠実義務　222

中断事由　71
長子相続制　199
調停前置主義　232
直接強制　91, 92
直系血族　167
直系尊属　202, 205, 206
賃貸借　36
賃貸借契約　86, 99
賃貸人　106
追　認　44, 55, 56
　——の催告　50
定　款　216
貞操義務　171, 174
抵当権　107, 149
手　形　153
手形・小切手　152
　——に関する法制度　154
撤　回　84
手続法　3, 4
デビット・カード　158
電子マネー　158
転用物訴権　142
ドイツ民法　16, 18, 19, 180, 111
登　記
　設立——　216, 221
　不動産——　111, 198, 218
同居・協力・扶助義務　93, 164,
　　171, 174
動　産　108
　——は悪い物　107
当事者能力　218
同時履行の抗弁権　89, 97
特定承継　199
特別遺言　207, 209
特別法　13, 15, 22
　——は一般法に優先する　13,

　14
特別養子　186, 187
土地の定着物　108
特許主義　215
賭博契約　39
富井政章　19
取消し　44, 56
取締役　221
取締役会　221

●な　行

内　縁　173
内心の意思　36, 39, 45
為す債務　91
ナポレオン法典　134
二重譲渡　199
任意規定　25
任意後見契約に関する法律　53
任意後見制度　53, 194
任意後見人　53
任意代理　53, 54
任意認知　184
任意の履行　90, 226
認可主義　216
認　知　184
根保証　151

●は　行

配偶者　168, 205
　相続と——　203, 204
配偶者居住権　203
賠償責任保険　123
売買契約　36, 85, 86, 87, 109,
　　120
売買代金債権　28
破綻主義　175, 176

ハムラビ法典　102, 121
判　決　4, 6, 228
　　——代用　92
判　例　6, 239
判例法　5
　　——主義　5
被裏書人　153
被害者　120
被　告　228
被仕向銀行　155
被相続人　198
卑　属　168
被保佐人　49
被補助人　49
秘密証書遺言　207, 208
表意者　36
評議員　217
評議員会　217
表見代理　55, 57
　　——と無権代理　59
　　——の3類型　58
　　権限踰越による——　59
表示行為　36
被用者　128
夫　婦　169
　　——の氏　164, 171
　　——の別姓　164
夫婦財産制　172
　　法定——　172
　　約定——　172
不完全養子　186
不完全履行　95, 99
夫　権　163
父　権　163, 193
普通遺言　207
普通養子　186

物　権　29, 148
　　——の種類　104
　　——の絶対性　30, 104, 110
　　——の排他性　31
　　——の変動　110
物権的請求権　112
物権法定主義　32, 104
物的担保　148, 149
不動産　108
　　——登記　111, 198, 218
不当利得　38, 140, 144
不文法　6
不法原因給付　38, 144
不法行為　45, 120, 227
　　——責任　130
　　——の意義　120
　　——の要件　124
　　一般的——　127
　　特殊的——　127
　　特殊的——の類型　128
不法行為法の機能　121
扶養義務　195
　　——の内容　195
フランス民法　18, 32, 111, 125,
　　134
振込み　155
振出人（手形の）　153
返還請求権　113
片務契約　86, 87
ボアソナード　17
　　——民法　18
妨害排除請求権　113
妨害予防請求権　113
法格言　80, 90, 107
法学提要　18, 116
包括承継　199

248

放　棄　204
傍系血族　168
法　源　5
報償責任　125
法　人　46, 54, 212
　　──の権利能力　46
　　──の設立　216
法人格　212, 217
法定血族　167
法定相続　201, 204
　　──分の割合　205
法定代理　53
法定代理人　48
法定利息　14
法定利率　14
法典論争　18, 180
暴利行為　39, 145
法律行為　37
法律婚主義　173
保険制度　122
保　佐　194
保佐開始の審判　49
保佐人　49
補充性　150
補　助　194
保　証　150
保証人　150
補助開始の審判　49
補助人　49
発起人　220
穂積陳重　19

　　　●ま 行

未成年後見人　48, 194
未成年者　47, 48, 53, 126, 128,
　　192, 194

未成年の子の引渡し　93
身分法　16, 162
民事執行法　5, 91, 92, 229
民事訴訟法　3, 4, 228
民事法　2, 3, 9
　　──の学び方　237
民　法　2, 3, 12, 13, 16
　　──の現代語化　22
　　──の歴史　17
　　形式的意義における──　16
　　実質的意義における──　16
民法改正　19, 25, 33, 53, 127,
　　151, 163, 164, 179, 186
民法典　16
民法編纂　17
無過失損害賠償責任　25, 125,
　　129
無限責任社員　220
無権代理　55
無権代理人　56
無　効　37, 39, 41, 44
無償契約　86
無能力者　48
明治民法　19, 163
妾契約　38
目には目を，歯には歯を　102,
　　121
申込み　83
持分会社　219
物　107

　　　●や 行

約束手形　153
有価証券　152
有限会社　220
有限責任　219

事 項 索 引　　249

有限責任社員　220
有権代理　55
有償契約　86
有責主義　175
有責配偶者の離婚請求　178
有体物　107
ユスティニアヌス法典　80, 116
用益物権　106
養子　185
養親子関係　185
要物契約　82, 87
予見可能性　97

●ら行

履行遅滞　94, 99
履行の強制　91, 148
履行不能　94, 99
離婚　173
　——原因　175, 176
理事　54, 217, 221
理事会　217
利息付消費貸借　87
留置権　106, 149
ローマ法　16, 18, 80, 116

著者紹介　野村豊弘（のむら とよひろ）

略　歴　1966 年東京大学法学部卒業。
　　　　学習院大学法学部専任講師・同助教授を経て，1979 年同教授。
　　　　現在，学習院大学名誉教授，日本エネルギー法研究所理事長，弁護士。

主　著　『基本判例　民法』（有斐閣，2001 年）〔共編〕，『法学キーワード（第 2 版）』（有斐閣，2003 年）〔編〕，『分析と展開　民法Ⅰ〔総則・物権〕（第 3 版）』『同　民法Ⅱ〔債権〕（第 5 版）』（弘文堂，2004 年，2005 年）〔共著〕，『民法Ⅱ物権（第 2 版）』（有斐閣，2009 年），『民法Ⅰ序論・民法総則（第 3 版補訂）』（有斐閣，2013 年），『民法Ⅲ――債権総論（第 5 版）』（有斐閣 S シリーズ，2023 年）〔共著〕。

【有斐閣アルマ】

民事法入門〔第 9 版〕

Introduction to Private Law, 9th edition

1998 年 10 月 30 日	初　版第 1 刷発行	2012 年 2 月 25 日	第 5 版補訂版第 1 刷発行
1999 年 12 月 25 日	第 2 版第 1 刷発行	2014 年 9 月 25 日	第 6 版第 1 刷発行
2002 年 2 月 25 日	第 2 版補訂版第 1 刷発行	2017 年 12 月 20 日	第 7 版第 1 刷発行
2003 年 12 月 30 日	第 2 版補訂 2 版第 1 刷発行	2019 年 11 月 30 日	第 8 版第 1 刷発行
2005 年 1 月 15 日	第 3 版第 1 刷発行	2022 年 3 月 5 日	第 8 版補訂版第 1 刷発行
2006 年 4 月 25 日	第 4 版第 1 刷発行	2025 年 3 月 30 日	第 9 版第 1 刷発行
2007 年 3 月 30 日	第 5 版第 1 刷発行		

著　者　野村豊弘

発行者　江草貞治

発行所　株式会社有斐閣

　　　　〒101-0051 東京都千代田区神田神保町 2-17

　　　　https://www.yuhikaku.co.jp/

装　丁　デザイン集合ゼブラ＋坂井哲也

印　刷　株式会社理想社

製　本　牧製本印刷株式会社

装丁印刷　株式会社亨有堂印刷所

落丁・乱丁本はお取替えいたします。定価はカバーに表示してあります。
©2025, Toyohiro Nomura.
Printed in Japan ISBN 978-4-641-22247-2

本書のコピー，スキャン，デジタル化等の無断複製は著作権法上での例外を除き禁じられています。本書を代行業者等の第三者に依頼してスキャンやデジタル化することは，たとえ個人や家庭内の利用でも著作権法違反です。

[JCOPY]　本書の無断複写（コピー）は，著作権法上での例外を除き，禁じられています。複写される場合は，そのつど事前に，（一社）出版者著作権管理機構（電話 03-5244-5088，FAX 03-5244-5089，e-mail:info@jcopy.or.jp）の許諾を得てください。